KB216026

다니엘서 강해설교

장래 일은 이러합니다

다니엘서 강해설교

장래 일은 이러합니다

강 효 민 지음

새삶전도협회

장래 일은 이러합니다

지 은 이 | 강효민
편집/디자인 | 김화영
펴 낸 곳 | 새삶전도협회
초판발행 | 2020년 6월 12일
주　　소 | 경기도 남양주시 갈매동 다산순환로 300
2103동 2103호
전　　화 | 031) 574-0135
출판등록 | 제 25100-2007-26호

ISBN 978-89-6961-015-7
정가 12,000원
파본은 바꾸어 드립니다.

책을 내며

요한계시록 강해설교 책인 「요한계시록이 보인다」와 종말론 주제설교 책인 「성경과 종말」을 내고 나서 종말과 관련하여 또 다른 중요한 책인 다니엘서도 책으로 내야겠다는 생각을 진작부터 하고 있었습니다. 그렇게 하기 위해서는 다니엘서를 설교부터 해야 하는데 주일에는 신약, 수요일에는 구약을 책별로 강해하다 보니 다니엘서를 강해하기까지 꽤 오래 기다려야 했습니다. 다니엘서를 설교하기 위해 공부하는 과정에서 과거에 몰랐던 것을 많이 배웠고, 배우고 깨달은 것을 제가 섬기는 새삶침례교회 성도님들과 나눌 수 있었던 것은 제게 큰 복이었습니다.

종말론에 있어서 저는 환난전휴거설과 전천년설을 믿습니다. 환난전휴거설은 7년 대환난이 있기 전에 성도가 휴거되는 것을 말하고, 전천년설은 천년왕국이 시작되기 전에 예수님께서 지상으로 재림하는 것을 말합니다. 저자의 견해가 이렇다는 것을 알고 읽으면 책의 내용을 이해하는데 도움이 될 것입니다. 환난전휴거설과 전천년설에 대해 더 자세하게 알기 원하는 분들은 앞에서 말한 저의 두 책을 참고하시기 바랍니다.

다니엘서를 강해하는 동안 '코로나 사태'가 있었습니다. 온 세계가 혼란에 빠졌고 교회 예배에 나오는 인원이 크게 줄었습니다. 그런 상황 속에서 2020년 4월 20일 자 조선일보 1면에 '거대 코로나 위기가 거대 권력 만든다'라는 기사가 실렸습니다. 핵심적인 내용을 옮겨보면 이렇습니다. "본지는 각 분야 글로벌 전문가 24명에게 '코로나 이후의 세상'을 물었다. 코로나가 불러올 패러다임 전환은 크게 열 가지였다. 전문가들의 예측 속에 가장 많이 등장하는 변화는 '거대 정부의 진격'이었다. 코로나 방어로 각국 정부의 존재감이 부각된 가운데 '큰 정부'가 보편화하고 권위

주의 성향이 강한 '스트롱맨(강력한 지도자)'이 세계 각지에서 속출하리라는 예상이 많았다. 베셀라 체르네바 유럽외교협회 부회장은 '거대한 위기는 거대한 권력을 만들어낸다'며 '강한 신념으로 무장한 막강한 지도자가 늘어날 가능성이 크다'고 했다."

이 기사를 읽으면서 적그리스도도 이런 식으로 등장하겠구나 하는 생각이 들었습니다. 어느 날 예수님께서 공중으로 재림하시고, 구원받은 성도들이 공중으로 들림 받는 휴거가 일어나면 이 세상이 얼마나 혼란스럽겠습니까! 지금의 코로나 사태는 비교가 안 될 것입니다. 그런 상황 속에서 강력한 지도자가 등장할 것인데 가장 강력한 지도자로 부상할 사람이 바로 적그리스도입니다. 다니엘서에 의하면 적그리스도는 신흥로마제국에서 나오는데, EU(유럽연합)가 신흥로마제국이라면 적그리스도가 나올 나라는 이미 이 땅에 있는 것입니다.

성경에 의하면 세상 끝날에는 이스라엘이 회복되는데, 이스라엘은 1948년 5월 14일에 주권국가로 회복되었고 지금은 막강한 국가가 되어 있습니다. 2천 년 전에 멸망한 나라가 회복되는 것이 사실상 불가능한 일인데 이스라엘이 회복된 것을 보면 성경 말씀은 진리이고, 성경이 이루어질 것이라고 한 일은 반드시 이루어질 것입니다.

이 책이 다니엘서를 이해하고, 다시 오실 주님을 바라보게 하는데 도움이 된다면 더 바랄 것이 없겠습니다. 이 책을 읽는 분들에게 하나님의 은혜와 평강이 있기를 기원합니다.

2020년 6월

강 효 민

추천의 글

저자의 목회를 통해서 그가 하나님을 사랑하고, 사람을 사랑하며, 하나님의 말씀을 사람들에게 심어주고자 하는 간절한 열망이 있음을 잘 알고 있습니다. 저자의 신학적인 훈련을 익히 알고 있으므로 이 책의 원고를 접했을 때 제 마음은 모든 그리스도인들에게 꼭 필요한 책이 나오게 되었다는 기쁨이 있었습니다.

나는 저자의 환난전휴거설과 전천년설 신학적 입장을 지지합니다. 저자는 오늘의 시대를 하나님의 말씀에 비추어보면서 다니엘서를 명확하게 이해할 수 있도록 강해했습니다. 이 책이 그리스도인들의 믿음과 다니엘서 이해에 큰 도움이 될 것을 확신합니다.

김우생 목사 / 한국성서침례교회 재단법인 이사장
불광동성서침례교회 담임목사

강효민 목사님의 설교는 항상 명쾌하고 귀에 쏙쏙 들어오게 전하는 것으로 잘 알려져 있습니다. 이 책의 원고를 읽으면서 다니엘서 설교가 이렇게 쉽게, 감동으로 다가온 것은 처음이었습니다. 다니엘서 6장까지는 누구나 어렵지 않게 공부하고 설교하다가도 7장부터 난해해지고 혼란스럽게 만드는 설교나 성경교재를 많이 보았습니다. 그런데 강효민 목사님의 다니엘서 설교는 예언 관련 메시지도 쉽게 풀어주시고, 삶에 적용도 할 수 있도록 해주어서 마지막 메시지까지 재미있게 읽게 되고 읽은 후에도 마음에 깊은 여운이 남습니다.

오랜 세월 복음의 신실한 동지로 함께 주를 섬기고, 함께 선교하며 교제해 온 강효민 목사님은 다니엘과 그의 동료들처럼 세상 중심에서 경건하게 살면서 불신자들에게도 선한 영향력을 끼쳐 오신 아름다운 하나님의 사람입니다.

김택수 목사 / 성서침례대학원대학교 총장
한빛침례교회 담임목사

차 례

1. 뜻을 정한 하나님의 사람

(단 1장)

다니엘은 유다 왕 여호야김 3년에 바벨론으로 끌려온 사람입니다. 1-2절을 보면 알 수 있습니다. **"유다 왕 여호야김이 다스린 지 삼 년이 되는 해에 바벨론 왕 느부갓네살이 예루살렘에 이르러 성을 에워쌌더니 주께서 유다 왕 여호야김과 하나님의 전 그릇 얼마를 그의 손에 넘기시매 그가 그것을 가지고 시날 땅 자기 신들의 신전에 가져다가 그 신들의 보물 창고에 두었더라."** 이 말씀을 보면 다니엘은 여호야김 왕 3년에 끌려온 것을 알 수 있고, 여호야김 왕 3년은 기원전 605년입니다.

여호야김은 남왕국 유다의 끝에서 세 번째 왕입니다. 유다의 마지막 왕은 시드기야, 시드기야 전은 여호야긴, 여호야긴 전은 여호야김입니다. 여호야김은 대단히 악한 왕이었습니다. 두루마리에 기록된 하나님의 말씀을 칼로 베어내면서 불에 태울 정도로 악했습니다(렘 36:21-23). 그의 아버지 요시야 왕은 유다의 왕들 중에서 가장 훌륭한 왕으로 하나님의 말씀을 들었을 때 옷을 찢고 마음을 찢었습니다(왕하 22:11). 그런데 여호야김은 하나님의 말씀을 찢었습니다. 그리고 불태웠습니다. 그런데 하나님은 바벨론으로 하여금 유다를 치게 하셨고 많은 유다 사람들을 바벨론으로 끌고 가게 하셨습니다. 그때 끌려간 사람들 중의 한 사람이 다니엘입니다. 그때가 유다 사람들이 처음으로 바벨론으로 끌려간 때입니다.

그 후에도 유다 사람들이 바벨론으로 끌려갔는데 다음으로 끌려간 때는 여호야긴 왕 때입니다(왕하 24:10-14). 그때는 기원전 597년이었고 그때 바벨론으로 끌려간 사람들 중의 한 사람이 에스겔 선지자입니다(겔 1:1-3). 유다는 기원전 586년에 바벨론에 의해 멸망했는데 그 때도 많은 사람들이 바벨론으로 끌려갔습니다(왕하 25:8-12, 대하 36:19-20).

다니엘은 여호야김 왕 3년에 바벨론으로 끌려갔고, 그 당시 그는 아직도 어린 '소년' 이었습니다. 3-4a절을 보겠습니다. **"왕이 환관장 아스부나스에게 말하여 이스라엘 자손 중에서 왕족과 귀족 몇 사람 곧 흠이 없고 용모가 아름다우며 모든 지혜를 통찰하며 지식에 통달하며 학문에 익숙하여 왕궁에 설 만한 소년을 데려오게 하였고."**

이 말씀에 의하면 다니엘은 아직도 어린 '소년' 이었던 것을 알 수 있습니다. '소년' 으로 번역된 말을 공동번역과 우리말성경은 '젊은이' 로 번역했습니다. 당시 다니엘의 나이는 15~18살 정도였다고 생각됩니다.

다니엘 같은 소년들을 바벨론으로 끌고 온 목적은 바벨론의 학문과 언어를 가르쳐서 바벨론 왕을 섬기도록 하기 위함이었습니다. 4b-5절을 보겠습니다. **"그들에게 갈대아 사람의 학문과 언어를 가르치게 하였고 또 왕이 지정하여 그들에게 왕의 음식과 그가 마시는 포도주에서 날마다 쓸 것을 주어 삼 년을 기르게 하였으니 그 후에 그들은 왕 앞에 서게 될 것이더라."**

다니엘은 왕이 주는 음식을 먹고 왕이 주는 포도주를 마시면서 3년 동안 바벨론의 학문과 언어를 익혀야 했습니다. 포로로 끌려오긴 했지만 지낼 만했고, 잘하면 바벨론에서 성공도 할 수 있는 상황이었습니다.

다니엘과 함께 끌려온 소년들 중에는 하나냐, 미사엘, 아사랴도 있었습니다. 6-7절을 보겠습니다. **"그들 가운데는 유다 자손 곧 다니엘과 하나냐와 미사엘과 아사랴가 있었더니 환관장이 그들의 이름을 고쳐 다니엘은 벨드사살이라 하고 하나냐는 사드락이라 하고 미사엘은 메삭이라 하고 아사랴는 아벳느고라 하였더라."**

다니엘은 '하나님은 심판자' 라는 뜻입니다. 이 좋은 이름이 벨드사살로 바뀌었습니다. 벨드사살은 '벨이여, 그의 생명을 지켜 주소서' 라는 뜻입니다. 벨은 바벨론의 신들 중 하나입니다. 하나냐는 '여호와는 은혜로우시다' 라는 뜻인데 이 좋은 이름이 사드락, 즉 '마르둑의 명령' 이라는 이름으로 바뀌었습니다. 마르둑도 바벨론의 신 이름입니다. 미사엘은 '누가 하나님과 같은가' 라는 뜻이고, 새로 갖게 된 이름 메삭은 '누가 아쿠와 같은가' 라는 뜻입니다. 아쿠도 바벨론의 신 이름입니다. 아사랴는 '여호와께서 도우셨다' 는 뜻인데 새로 얻게 된 이름 아벳느고는 ' 느고의 종' 이라는 뜻입니다. 느고도 바벨론의 신 이름입니다.

히브리 사람들의 이름에는 '엘' 이나 '야' 가 많이 들어가는데 '엘' 은 하나님, '야' 는 야훼 즉 여호와를 뜻합니다. 바벨론으로 끌려온 네 사람의 이름에도 '엘' 과 '야' 가 다 들어가 있습니다. 다니엘, 하나냐(하나냐는 하나니야의 줄임말입니다), 미사엘, 아사랴(아사랴도 아사리야의 줄임말입니다). 부르기만 해도 하나님을 찬양하는 것이 되고 듣기만 해도 은혜가 되는 이 아름다운 이름들을 환관장이 우상 숭배하는 바벨론식 이름으로 바꾼 것입니다.

바꾼 이유가 무엇일까요? 하나님을 섬기는 히브리 사람으로서의 정체성을 잃게 하고, 우상 숭배하는 바벨론 사람으로서의 새로운 정체성을 갖게 하기 위함이었습니다. 일본강점기 때 일본 사람들이 우리나라 사람들의 이름을 일본식으로 바꾼 것도 한국인으로서의 정체성을 잃게 하고 일본 사람으로서의 새로운 정체성을 갖도록 하기 위함이었습니다.

이렇게 해서 다니엘은 바벨론 왕이 주는 음식을 먹고 바벨론 왕이 주는 포도주를 마시면서 3년 동안 바벨론의 학문과 언어를 배워야 했는데, 바벨론 왕이 주는 음식과 포도주는 우상에게 드려진 것들로 하나님을 섬기는 다니엘로서는 먹을 수 없는 것들이었습니다(출 34:15). 그래서 다니엘이 어떻게 합니까? 먹지 않기로 결심합니다. 8a절을 보겠습니다. **"다니엘은 뜻을 정하여 왕의 음식과 그가 마시는 포도주로 자기를 더럽히지 아니하리라 하고."**

다니엘이 대단한 결심을 했습니다. 당시 다니엘은 식욕이 왕성한 소년이었고, 식욕이 왕성한 소년이 맛있는 음식을 앞에 두고 먹지 않는 것은 쉬운 일이 아닙니다. 그런데도 다니엘은 먹지 않기로 결심했습니다. 정말 대단한 결심이 아닐 수 없습니다. 또한 먹지 않기 위해서는 환관장이 허락을 해주어야 하는데 환관장의 허락을 받아내는 것도 쉬운 일이 아닙니다.

그런데 다니엘이 환관장에게 허락을 구합니다. **"다니엘은 뜻을 정하여 왕의 음식과 그가 마시는 포도주로 자기를 더럽히지 아니하리라 하고 자기를 더럽히지 아니하도록 환관장에게 구하니"**(8절).

그랬더니 환관장이 호의적으로 대해 줍니다. **"하나님이 다니엘로 하여금 환관장에게 은혜와 긍휼을 얻게 하신지라"**(9절). 아멘. 누가 환관장으로 하여금 다니엘에게 호의적으로 대해주게 했습니까? 하나님이십니다. "하나님이 다니엘로 하여금 환관장에게 은혜와 긍휼을 얻게 하신지라."

다니엘이 환관장을 찾아가기 전에 얼마나 많이 기도했겠습니까! 기도하고 찾아갔더니 하나님이 환관장의 마음을 움직여주셔서 다니엘에게 호의적으로 대해주게 하셨습니다.

그런데 다니엘이 요구한 것을 환관장 마음대로 허락해줄 수 있는 상황은 아니었습니다. 10절을 보겠습니다. **"환관장이 다니엘에게 이르되 내가 내 주 왕을 두려워하노라 그가 너희 먹을 것과 너희 마실 것을 지정하셨거늘 너희의 얼굴이 초췌하여 같은 또래의 소년들만 못한 것을 그가 보게 할 것이 무엇이냐 그렇게 되면 너희 때문에 내 머리가 왕 앞에서 위태롭게 되리라 하니라."**

환관장의 입장도 이해가 됩니다. 그래서 다니엘이 한 가지 제안을 합니다. 그것은 10일 동안 채소와 물만 주어서 시험해보라는 것입니다. 11-13절을 보겠습니다. **"환관장이 다니엘과 하나냐와 미사엘과 아사랴를 감독하게 한 자에게 다니엘이 말하되 청하오니 당신의 종들을 열흘 동안 시험하여 채식을 주어 먹게 하고 물을 주어 마시게 한 후에 당신 앞에서 우리의 얼굴과 왕의 음식을 먹는 소년들의 얼굴을 비교하여 보아서 당신이 보는 대로 종**

들에게 행하소서 하매."

다니엘이 지혜로운 제안을 했습니다. 그런데 이 제안은 위험한 제안일 수도 있습니다. 10일 동안 시험해서 얼굴이 초췌해지면 어떻게 합니까. 다니엘은 하나님께서 도와주실 것을 믿었습니다. 그랬기에 10일 동안 시험해보라는 제안을 할 수 있었던 것입니다.

믿음이라는 것이 이런 것입니다. 하나님께서 도와주실 것을 믿는 것입니다. 하나님의 도우심을 기대하면서 앞으로 나아가는 것입니다. 이런 믿음이 저와 당신에게 있기를 원합니다.

환관장이 다니엘의 제안을 듣고 보니 나쁘지 않습니다. 그래서 허락을 해줍니다. 14절에 **"그가 그들의 말을 따라 열흘 동안 시험하더니"**라고 했습니다. 이제 다니엘은 10일 동안 채소만 먹고 물만 마십니다. 채소와 물만 먹고도 건강을 유지할 수 있을까요? 드디어 10일이 지났습니다. 결과가 어떻게 되었을까요? 15-16절을 보겠습니다. **"열흘 후에 그들의 얼굴이 더욱 아름답고 살이 더욱 윤택하여 왕의 음식을 먹는 다른 소년들보다 더 좋아 보인지라 그리하여 감독하는 자가 그들에게 지정된 음식과 마실 포도주를 제하고 채식을 주니라."**

아멘! 놀라운 일이 일어났습니다. 하나님께서 다니엘과 다니엘의 세 친구가 채소만 먹고 물만 마시고도 건강하도록 도와주셨습니다. 그리고 그때부터 왕이 주는 음식과 포도주로부터 자유로울 수 있었습니다.

하나님은 어떤 사람을 도와주시는 줄 아십니까? 믿음 있는 사람을 도와주십니다. 믿음을 가지고 나아가는 사람을 도와주십니다. 우리도 그런 믿음의 사람들이 됩시다.

하나님은 이들의 육체만 건강하게 해주신 것이 아니라 지혜와 총명도 뛰어나게 해주셨습니다. 17-20절을 보겠습니다. **"하나님이 이 네 소년에게 학문을 주시고 모든 서적을 깨닫게 하시고 지혜를 주셨으니 다니엘은 또 모든 환상과 꿈을 깨달아 알더라 왕이 말한 대로 그들을 불러들일 기한이 찼으므로 환관장이 그들을 느부갓네살 앞으로 데리고 가니 왕이 그들과 말하여 보매 무리 중에 다니엘과 하나냐와 미사엘과 아사랴와 같은 자가 없으므로 그들을 왕 앞에 서게 하고 왕이 그들에게 모든 일을 묻는 중에 그 지혜와 총명이 온 나라 박수와 술객보다 십 배나 나은 줄을 아니라."**

하나님을 제대로 섬기기로 작정하고 하나님께 도움을 구했더니 하나님께서 이런 복을 주신 것입니다.

본문 마지막 절에서는 다니엘이 '고레스 왕 원년까지' 왕궁에 있었다는 것을 말해줍니다. **"다니엘은 고레스 왕 원년까지 있으니라"**(21절). 고레스 왕은 바사 즉 페르시아의 첫 번째 왕입니다. 바벨론은 바사에 의해 무너졌고 바벨론을 무너뜨린 바사 제국의 첫 번째 왕이 고레스입니다. 고레스 왕은 바벨론을 무너뜨린 뒤 바벨론에 있던 유다 사람들이 유다로 돌아갈 수 있도록 해주었습니다(스 1:1-3).

다니엘이 고레스 왕 원년까지 왕궁에 있었다고 했는데 고레스 왕 원년은 기원전 539년입니다. 그러면 다니엘이 몇 년 동안 왕궁에 있은 것입니까? 기원전 605년에 바벨론으로 끌려와서 539년까지 왕궁에 있었으니 66년 있은 것입니다. 15살 때 끌려왔다면 81세까지 있은 것이고, 18살 때 끌려왔다면 84세까지 있은 것입니다. 한 마디로 그는 평생을 왕궁에서 일했습니다.

다니엘이 이렇게 오래 왕궁에서 일할 수 있었던 비결이 무엇일까요? 하나님의 사람으로서 하나님을 제대로 섬겼기 때문입니다. 하나님의 사람으로서 신실했기 때문입니다. 다니엘서를 읽어보면 다니엘의 삶에도 위기가 있었습니다. 그럼에도 불구하고 다니엘은 하나님을 섬기는데 있어 변함이 없습니다. 늘 한결같습니다. 우상 숭배의 위협에 굴복하지 않습니다. 하나님의 사람으로서 세상과 타협하지도 않습니다. 그것이 다니엘이 하나님의 사람으로서, 정치인으로서 성공할 수 있었던 비결입니다.

그리스도인으로서 이 세상을 살아가는 것은 쉽지 않습니다. 하나님의 사람 다니엘이 우상 숭배의 나라 바벨론에서 살아가는 것은 더 쉽지 않았습니다. 그럼에도 불구하고 다니엘은 우상 숭배하지 않았고, 하나님께 대한 자신의 믿음을 지켰습니다. 그렇게 할 수 있었던 것은 그렇게 하기로 뜻을 정했기 때문입니다.

믿음에 도전을 받고 있습니까? 죄의 유혹에 흔들리고 있습니까? 다니엘처럼 뜻을 정하시기 바랍니다. 뜻을 정하여 우상 숭배하지 않고, 죄 짓지 않고, 불의와 타협하지 않으면 하나님께서 당신의 삶에도 복을 주실 것입니다. 하나님을 제대로 섬김으로 그리스도인으로서도 성공하고, 사회에서도 성공하는 당신이 되기를 주님의 이름으로 축복합니다.

2. 위기를 만났을 때
(단 2:1-23)

살다보면 위기를 만날 때가 있습니다. 본문을 보면 다니엘도 심각한 위기를 만났습니다. 다니엘이 만난 위기는 죽을 수도 있는 위기였습니다. 13절에 이렇게 기록되어 있습니다. **"왕의 명령이 내리매 지혜자들은 죽게 되었고 다니엘과 그의 친구들도 죽이려고 찾았더라."**

바벨론으로 끌려와 좀 지낼만할 때 죽게 생긴 것입니다. 그런데 다니엘이 죽습니까? 죽지 않습니다. 다니엘이 위기를 잘 극복했기 때문입니다. 본문을 통해 위기를 만났을 때 어떻게 극복할 것인지 배워보겠습니다.

본문의 사건은 느부갓네살 왕이 다스린 지 2년 되는 해에 일어났습니다(1절). 그때는 다니엘이 바벨론으로 끌려온 지 1년 정도 되었을 때입니다. 그 해에 어떤 일이 있었는가 하면 느부갓네살 왕이 꿈을 꾸었는데 내용이 심상치 않습니다. 그래서 왕이 박수와 술객과 점쟁이와 술사들을 궁으로 불러들여 꿈에 대한 해석을 들으려고 합니다. 4절을 보겠습니다. **"갈대아 술사들이 아람 말로 왕에게 말하되 왕이여 만수무강 하옵소서 왕께서 그 꿈을 종들에게 이르시면 우리가 해석하여 드리겠나이다 하는지라."**

'술사' 는 별을 보고 점을 치는 점성술사를 말합니다. 그런데 그들이 어느 나라 말로 왕에게 말을 했는가 하면 '아람 말로' 했습니다. 아람 말은 그 당시 가장 많이 통용되는 말이었습니다. 오늘날로 하면 영어와 같은 언어였습니다. 왕 앞에 선 사람들 중에는 외국에서 온 사람들도 있었기 때문에 아람 말로 했다고 생각됩니다. 그들이 왕에게 한 말부터 시작하여 다니엘서 7장 끝까지 다니엘서는 아람 말로 기록되어 있습니다. 그 이유는 이방인들도 그 부분을 이해할 수 있도록 하기 위해서라고 생각됩니다. 에스라서에도 아람어로 기록된 부분이 있습니다(4:8-6:18, 7:12-26).

아람어는 아람 사람들 즉 시리아 사람들의 언어로 알파벳이나 문법체계가 히브리어와 거의 비슷합니다. 이런 이유에서 바벨론 포로생활을 마치고 이스라엘로 돌아온 유다 사람들은 '아람 말' 을 많이 썼습니다. 예수님 당시에도 이스라엘 사람들이 주로 이 언어를 썼습니다. 예수님이 말씀하신 "달리다굼"(막 5:41)이나 "엘리 엘리 라마 사박다니"가 아람어입니다. 물론 자신들의 언어인 히브리어와 당시 세계의 새로운 국제어가 된 헬라어도 많이 썼습니다.

꿈 내용을 말해 주면 해석해드리겠다는 술사들에게 왕은 "꿈 내용을 너희가 말하고 해석을 하라"고 합니다. 5-6절을 보겠습니다. **"왕이 갈대**

아인들에게 대답하여 이르되 내가 명령을 내렸나니 너희가 만일 꿈과 그 해석을 내게 알게 하지 아니하면 너희 몸을 쪼갤 것이며 너희의 집을 거름더미로 만들 것이요 너희가 만일 꿈과 그 해석을 보이면 너희가 선물과 상과 큰 영광을 내게서 얻으리라 그런즉 꿈과 그 해석을 내게 보이라 하니."

점쟁이들과 술사들 입장에서는 황당했겠지만 제대로 하려면 그렇게 하는 것이 맞습니다. 꿈 내용을 말해주고 해석을 하라고 하면 해석을 바르게 하는지 엉터리로 하는지 어떻게 알겠습니까. 아니나 다를까 그렇게 했더니 한 사람도 꿈 내용을 말하지 못했습니다. 화가 난 왕은 엉터리 '지혜자들'을 다 죽이라고 했습니다. 12절을 보겠습니다. **"왕이 이로 말미암아 진노하고 통분하여 바벨론의 모든 지혜자들을 다 죽이라 명령하니라."**

이렇게 해서 지혜자의 명단에 이름이 올라가 있던 다니엘과 다니엘의 세 친구도 죽게 된 것입니다(13절). 다니엘과 세 친구에게 찾아온 위기가 보통 심각하지 않습니다. 이제 곧 죽게 생겼습니다.

우리도 살다 보면 위기를 만날 때가 있습니다. 다니엘이 맞은 위기처럼 심각한 것은 아니라 할지라도 크고 작은 위기를 늘 만납니다. 그럴 때 우리는 어떻게 해야 할까요? 심각한 위기를 잘 극복한 다니엘을 통해 배워보기를 원합니다.

위기를 만나면 첫째로, 침착해야합니다. 14-15a절을 보겠습니다. **"그 때에 왕의 근위대장 아리옥이 바벨론 지혜자들을 죽이러 나가매 다니엘이 명철하고 슬기로운 말로 왕의 근위대장 아리옥에게 물어 이르되 왕의 명령이 어찌 그리 급하냐 하니."**

이때 다니엘의 나이가 15-18살 정도입니다. 그런데도 참 침착합니다.

이런 점을 우리는 배워야 합니다. 위기를 만나면 사람들이 당황합니다. 무엇을 어떻게 해야 할지 모릅니다. 그런데 위기를 만나면 더 침착해야 합니다. 우리 속담에 "호랑이에게 물려가도 정신만 차리면 산다"는 말이 있고, 전도서 7장 14a절에는 **"형통한 날에는 기뻐하고 곤고한 날에는 되돌아보아라"**는 말씀이 있습니다. '되돌아보라'는 '생각하라'는 말입니다.

위기를 만나면 무엇을 생각해야 할까요? 어떻게 위기를 벗어날 것인지를 생각하기 전에 왜 위기가 왔는지를 먼저 생각해야 합니다. 왜 위기가 왔는지를 알게 되면 벗어날 방법은 저절로 알게 됩니다.

둘째로, 위기를 만나면 문제의 해결은 하나님께 있음을 믿어야 합니다. 15b-16절을 보겠습니다. **"아리옥이 그 일을 다니엘에게 알리매 다니엘이 들어가서 왕께 구하기를 시간을 주시면 왕에게 그 해석을 알려 드리리이다 하니라."** 다니엘이 이렇게 할 수 있었던 이유는 하나님은 살아계시고, 문제의 답은 하나님께 있다는 것을 믿었기 때문입니다.

우리도 위기를 만나면 다니엘처럼 하나님을 바라볼 수 있기를 바랍니다. 하나님은 전지전능하십니다. 전지전능하신 하나님은 우리의 문제를 당연히 해결해 주실 수 있습니다. 잠언 3장 5-6절은 이렇게 말씀합니다. **"너는 마음을 다하여 여호와를 신뢰하고 네 명철을 의지하지 말라 너는 범사에 그를 인정하라 그리하면 네 길을 지도하시리라."**

그리스도인들 중에는 머리로는 하나님을 믿는데 실생활에서는 하나님을 믿지 않는 사람들이 있습니다. 이런 신앙을 '실천적 무신론 신앙'이라고 합니다. 하나님을 믿으니까 무신론주의자는 아닙니다. 그런데 신앙은 무신론적입니다.

믿음 있는 사람과 믿음 없는 사람의 차이가 무엇인지 아십니까? 믿음 있는 사람은 하나님이 실재하는 분임을 믿지만, 믿음 없는 사람은 머리로만 믿습니다. 믿음 있는 사람은 하나님을 의지하여 자기 능력 밖의 일에 도전하지만, 믿음 없는 사람은 자기 능력 밖의 일은 할 생각을 안 합니다. 저와 당신은 믿음 없는 사람이 되지 말고, 믿음 있는 사람이 됩시다.

욥은 고난당한 뒤에 이런 고백을 했습니다. **"내가 주께 대하여 귀로 듣기만 하였사오나 이제는 눈으로 주를 뵈옵나이다"**(욥 42:5). 이게 무슨 말인가 하면 '과거에는 이론적인 믿음을 가지고 살았지만 이제는 실제적인 믿음을 가지고 삽니다' 라는 고백입니다.

하나님은 실재하시는 분입니다. 위기를 만나면 문제의 해결은 하나님께 있음을 믿어야 합니다.

셋째로, 위기를 만나면 하나님께 기도해야 합니다. 17-18절을 보겠습니다. **"이에 다니엘이 자기 집으로 돌아가서 그 친구 하나냐와 미사엘과 아사랴에게 그 일을 알리고 하늘에 계신 하나님이 이 은밀한 일에 대하여 불쌍히 여기사 다니엘과 친구들이 바벨론의 다른 지혜자들과 함께 죽임을 당하지 않게 하시기를 그들로 하여금 구하게 하니라."**

다니엘은 혼자 기도하지 않고 세 친구와 함께 기도했습니다. 다니엘 혼자만의 문제가 아니라 세 친구의 문제이기도 했기 때문입니다. 그리고 혼자 기도하는 것보다 친구들과 같이 기도하면 하나님께서 더 잘 들어주실 것을 믿었기 때문입니다.

위기를 만나면 하나님께 기도해야 합니다. 기도하면 하나님께서 들어주십니다. 요한복음 16장 23b-24절에서 예수님은 이렇게 말씀하십니다.

"내가 진실로 진실로 너희에게 이르노니 너희가 무엇이든지 아버지께 구하는 것을 내 이름으로 주시리라 지금까지는 너희가 내 이름으로 아무 것도 구하지 아니하였으나 구하라 그리하면 받으리니 너희 기쁨이 충만하리라."

마태복음 7장 7-11절에서는 이렇게 말씀하십니다. **"구하라 그리하면 너희에게 주실 것이요 찾으라 그리하면 찾아낼 것이요 문을 두드리라 그리하면 너희에게 열릴 것이니 구하는 이마다 받을 것이요 찾는 이는 찾아낼 것이요 두드리는 이에게는 열릴 것이니라 너희 중에 누가 아들이 떡을 달라 하는데 돌을 주며 생선을 달라 하는데 뱀을 줄 사람이 있겠느냐 너희가 악한 자라도 좋은 것으로 자식에게 줄 줄 알거든 하물며 하늘에 계신 너희 아버지께서 구하는 자에게 좋은 것으로 주시지 않겠느냐."**

예레미야 33장 3절은 이렇게 말씀합니다. **"너는 내게 부르짖으라 내가 네게 응답하겠고 네가 알지 못하는 크고 은밀한 일을 네게 보이리라."**

위기를 만날 때마다 기도하십시오. 기도하면 하나님께서 들어주십니다. 다니엘과 다니엘의 친구들이 기도했더니 하나님께서 들어주셨습니다. 19절을 보겠습니다. **"이에 이 은밀한 것이 밤에 환상으로 다니엘에게 나타나 보이매 다니엘이 하늘에 계신 하나님을 찬송하니라."** 아멘! 기도가 이런 것입니다. 기도하면 하나님께서 들어주십니다. 다니엘은 기도를 들어주신 하나님을 찬송했습니다. 다니엘이 하나님을 찬송한 내용은 20-23절에 기록되어 있습니다.

20절을 보겠습니다. **"다니엘이 말하여 이르되 영원부터 영원까지 하나님의 이름을 찬송할 것은 지혜와 능력이 그에게 있음이로다."** 다니엘이 찬송한 하나님은 '지혜와 능력'의 하나님입니다. 하나님은 지혜와 능력에 있어서 한이 없으십니다. 하나님은 전지전능하십니다.

21절을 보겠습니다. **"그는 때와 계절을 바꾸시며 왕들을 폐하시고 왕들을 세우시며 지혜자에게 지혜를 주시고 총명한 자에게 지식을 주시는도다."** 때와 계절을 바꾸신다는 말은 하나님은 자연을 다스리는 분이라는 말입니다. 왕들을 폐하기도 하시고 세우기도 하신다는 말은 인간사의 모든 일을 지배 주관하신다는 말입니다. 지혜자에게 지혜를 주시고 총명한 자에게 지식을 주신다는 말은 모든 지혜와 지식이 하나님께로부터 온다는 말입니다. 그러므로 지혜와 지식이 필요하면 하나님께 달라고 하면 됩니다(약 1:5). 지혜와 지식의 시작은 하나님을 경외하는 것입니다. 잠언 9장 10절에 **"여호와를 경외하는 것이 지혜의 근본"**이라 했고, 잠언 1장 7절에 **"여호와를 경외하는 것이 지식의 근본"**이라고 했습니다.

22절을 보겠습니다. **"그는 깊고 은밀한 일을 나타내시고 어두운 데에 있는 것을 아시며 또 빛이 그와 함께 있도다."** 하나님은 모르는 것이 없습니다. '깊고 은밀한 일' 이라 해도 사람에게나 그렇지 하나님께는 전혀 깊고 은밀한 일이 아닙니다. 하나님은 모든 것을 알고 계십니다. 빛이 그와 함께 있다는 말은 비유적이기도 하고 실제적이기도 합니다. 비유적으로 이해하면 하나님은 어두움을 몰아내시는 분이라는 뜻입니다. 성경에서 어두움은 죄와 죽음을 의미합니다. 실제적인 말씀으로 이해하면 하나님은 빛이 있는 곳에 계시는 분이라는 뜻입니다. 디모데전서 6장 6a절을 보면 하나님은 '가까이 가지 못할 빛에' 거하신다고 했습니다. 하나님의 보좌가 있는 천국은 밝은 곳입니다(계 21:25, 22:5a).

23절을 보겠습니다. **"나의 조상들의 하나님이여 주께서 이제 내게 지혜와 능력을 주시고 우리가 주께 구한 것을 내게 알게 하셨사오니 내가 주께 감사하고 주를 찬양하나이다 곧 주께서 왕의 그 일을 내게 보이셨나이다 하니라."**

다니엘은 다시 한 번 하나님의 '지혜와 능력'을 언급합니다. 그리고 하나님께 감사하고 하나님을 찬양하는 것으로 마무리합니다. 다니엘은 지금 한시가 급한 상황입니다. 그런데도 하나님께 감사하고 하나님을 찬양하는 것을 잊지 않았습니다. 사람들은 다급할 때는 하나님을 찾다가도 하나님께서 도와주셔서 문제가 해결되면 하나님을 잊습니다. 그런데 그런 사람이 되면 안 됩니다.

누가복음 17장에는 예수님께 고침 받은 열 명의 나병환자 이야기가 기록되어 있습니다. 고침 받은 열 명 중에서 감사하기 위해 예수님을 찾아온 사람은 한 사람뿐이었습니다. 그 한 사람에게 예수님은 "아홉은 어디 있느냐?"라고 물으셨습니다. 아홉 명도 예수님께 나아와 감사하기를 예수님은 바라셨던 것입니다. 우리는 어느 쪽에 해당하는 사람일까요? 감사할 줄 아는 한 명 쪽일까요, 아니면 감사할 줄 모르는 아홉 명 쪽일까요? 다니엘처럼 하나님께 감사할 줄 아는 사람이 됩시다.

살다보면 위기를 만날 때가 있습니다. 위기를 만나면 침착해야 합니다. 문제의 해결은 하나님께 있음을 믿어야 합니다. 그리고 하나님께 기도해야 합니다.

위기 가운데 계십니까? 다니엘처럼 해보시기 바랍니다. 하나님께서 도와주실 것입니다. 하나님께서 도와주셔서 문제가 해결되면 다니엘이 했던 것처럼 하나님께서 감사하고 하나님을 찬양하는 것도 잊지 마십시오.

3. 장래 일은 이러합니다

(단 2:24-49)

사람들은 장래 일에 관심이 많습니다. 선거철이 되면 점집을 찾는 정치인들이 있다는데 이유가 무엇이겠습니까? 선거의 당락이 궁금하기 때문입니다. 미국 대통령은 곧 있을 선거에서 자신이 재선에 성공할 수 있을지 없을지 굉장히 궁금할 것입니다. 우리나라 국민들 중에는 앞으로 우리나라가 어떻게 될지 궁금해 하는 분들이 많습니다.

본문을 보면 바벨론의 느부갓네살 왕도 자신과 자신의 나라 장래에 대해 궁금해 했던 것을 볼 수 있습니다. 29절에서 느부갓네살이 '장래 일을 생각' 했다고 했는데 장래 일을 생각한 이유가 무엇이겠습니까? 장래 일이 궁금했기 때문입니다. 그런 그에게 하나님이 장래 일을 꿈으로 보여주셨습니다. 그런데 그 나라의 지혜자들이 그의 꿈을 알지도 해석하지도 못했습니다. 화가 난 느부갓네살 왕은 모든 지혜들을 죽이라는 명령을 내렸고, 다니엘과 다니엘의 세 친구도 죽게 되었습니다. 그때 다니엘과 세 친구가 하나님께 기도했고, 하나님께 기도했을 때 하나님이 느부갓네살이 꾼 꿈의 내용과 해석을 다니엘에게 보여주셨습니다.

본문에서 다니엘은 느부갓네살 왕에게 꿈의 내용과 의미를 들려줍니다. 다니엘은 그 일을 하기에 앞서 자기가 그렇게 할 수 있는 것은 자기가 똑똑하거나 신통해서가 아니라 하나님께서 보여주셨기 때문인 것을 밝혔습니다. 27-28a절을 보겠습니다. **"다니엘이 왕 앞에 대답하여 이르되 왕이 물으신 바 은밀한 것은 지혜자나 술객이나 박수나 점쟁이가 능히 왕께 보일 수 없으되 오직 은밀한 것을 나타내실 이는 하늘에 계신 하나님이시라."**

30a절에서는 **"내게 이 은밀한 것을 나타내심은 내 지혜가 모든 사람보다 낫기 때문이 아니라"**고 했습니다. 그렇게 함으로 다니엘은 모든 영광을 하나님께 돌렸습니다.

우리도 이래야 되지 않겠습니까? 어려운 일 있을 때는 하나님께 도와달라고 기도하다가 하나님께서 도와주셔서 문제가 해결되면 자기가 잘나서 문제가 해결된 것처럼 생각하는 사람이 되어서는 안 됩니다. 하나님께 돌려야 할 영광은 하나님께 돌릴 줄 아는 사람이 되어야 합니다.

느부갓네살 왕이 꿈에서 본 것은 큰 신상이었습니다(31-33절). 그런데 신상의 재료가 부위별로 달랐습니다. 머리는 금으로 되어 있었고, 가슴과 두 팔은 은, 배와 넓적다리는 놋, 종아리는 쇠, 그리고 발은 쇠와 진흙으로 되어 있었습니다. 그런 신상을 돌 하나가 날아와서 신상의 발을 쳐서 부서뜨립니다(34-35절). 부서진 신상의 조각들은 타작마당의 겨처럼 바람에 불려 날아가 흔적도 없이 사라졌고, 신상을 부서뜨린 돌은 태산을 이루어 온 세상에 가득했습니다.

이 꿈의 의미가 무엇일까요? 꿈에 대한 의미는 36-45절에 기록되어 있습니다. 꿈은 '장래 일' 에 관한 것인데, 다른 재료로 만들어진 신상의 각 부위는 바벨론 제국을 시작으로 해서 그 이후에 차례로 나타날 나라들을 상징합니다. 금으로 된 머리는 바벨론 제국을 상징합니다(38b절). 은으로 된 가슴과 두 팔은 바벨론 제국 다음으로 일어날 나라를 상징하는데(39a절), 바벨론 다음으로 일어날 나라는 메대와 바사입니다. 바벨론 제국은 기원전 539년에 메대에 의해 무너졌는데 그 내용은 다니엘서 5장 30-31절에 기록되어 있습니다. **"그 날 밤에 갈대아 왕 벨사살이 죽임을 당하였고 메대 사람 다리오가 나라를 얻었는데 그 때에 다리오는 육십이 세였더라."**

메대는 바벨론을 무너뜨리고 나서 바사(페르시아) 제국에 합병되었습니다. 그래서 메대와 바사는 하나로 묶어서 표현되기도 합니다(단 5:28). 바사 제국의 첫 번째 왕은 고레스인데 그는 바벨론에 끌려와 있던 유다 사람들을 자신들의 나라로 돌아가게 해주었습니다(스 1:1-3).

놋으로 된 배와 넓적다리는 페르시아 제국 다음으로 일어난 그리스(헬라) 제국을 상징합니다. 그리스는 기원전 330년에 바사 제국을 무너뜨렸고, 바사를 무너뜨린 그리스의 왕은 알렉산더입니다.

쇠로 된 종아리, 그리고 쇠와 진흙으로 된 발은 그리스 다음으로 일어난 로마 제국을 상징합니다. 로마 제국의 초대 황제는 아우구스투스 황제였는데, 그가 통치하던 시절에 예수님이 태어나셨습니다. 개역개정판 성경 누가복음 2장 1절에는 '가이사 아구스도' 로 나와 있습니다. 가이사는

'가이우스 율리우스 가이사(카이사르 또는 시저라고도 함)' 라는 사람의 성(姓)인데 그는 로마의 최고 통치권자(종신 독재관)였고, 초대 황재가 된 아우구스투스의 양아버지입니다. 그의 성이 나중에는 로마 황제의 공식 호칭으로 사용됩니다. 예수님께서 사역하실 때의 로마 황제는 누가복음 3장 1절에 나오는 '디베료 황제' 인데 헬라어 원어성경에는 '디베료 가이사' 로 되어 있습니다.

느부갓네살이 본 신상은 바벨론 제국과 그 후에 차례로 일어날 세상 나라들을 상징하는 것이었는데, 이 신상이 결국 어떻게 됩니까? 어디선가 날아온 한 돌에 의해 깨어집니다. 돌이 신상의 어디를 쳤는가 하면 쇠와 진흙으로 된 발을 쳤습니다(34절). 이 돌은 예수 그리스도를 상징합니다. 그리고 이 돌이 태산을 이루어 온 세계에 가득했다는 것은 예수 그리스도께서 온 세계의 영원한 왕이 되신다는 뜻입니다. 이 일이 언제 일어나는가 하면 '이 여러 왕들의 시대에' 일어난다고 했습니다. 44절을 보겠습니다. **"이 여러 왕들의 시대에 하늘의 하나님이 한 나라를 세우시리니 이것은 영원히 망하지도 아니할 것이요 그 국권이 다른 백성에게로 돌아가지도 아니할 것이요 도리어 이 모든 나라를 쳐서 멸망시키고 영원히 설 것이라."**

쇠와 진흙으로 된 신상의 발과 발가락이 '여러 왕들의 시대' 를 상징합니다. 쇠와 진흙으로 되었다는 것은 여러 왕들이 화합되지 않는 것을 의미합니다. 43절에 그렇게 나와 있습니다. **"왕께서 쇠와 진흙이 섞인 것을 보셨은즉 그들이 다른 민족과 서로 섞일 것이나 그들이 피차에 합하지 아니함이 쇠와 진흙이 합하지 않음과 같으리이다."**

로마 제국 시대 중에 그랬던 적이 언제일까요? 과거 로마 제국 시대에는 그랬던 적이 없습니다. 본문 말씀에 의하면 예수님은 '여러 왕들의 시대' 에 오시는데, 예수님께서 태어나시고 활동하셨을 때 로마 제국의 황제는 한 사람이었습니다. 그러므로 한 돌이 날아와서 신상의 발을 치는 것은 예수님의 초림 때 일어날 일이 아니라 재림 때 일어날 일인 것을 알 수 있습니다.

그렇다면 이런 의문이 생깁니다. 로마 제국은 이미 멸망했는데 예수님께서 다시 오실 그 때가 어떻게 로마 제국 때일 수가 있는가 하는 것입니다. 거기에 대해서는 본문을 잘 보면 알 수 있습니다. 본문에서 로마 제국을 상징하는 신상의 신체 부위는 종아리와 발입니다. 그런데 종아리와 발의 재료가 비슷하면서도 차이가 있습니다. 종아리는 쇠로만 되어 있고, 발은 쇠와 진흙으로 되어 있습니다. 이것은 로마 제국이 한 종류가 아니라 두 종류인 것을 말해줍니다. 철로 된 종아리는 과거의 로마 제국을 상징하는 것이고, 쇠와 진흙으로 된 발과 발가락은 로마 제국의 판도 위에 다시 세워질 로마 제국, 즉 신흥로마제국을 상징하는 것입니다.

두 제국 사이에 엄청난 시간적 간격이 있긴 하지만 성경의 예언에는 그런 예가 많습니다. 곧 있을 이스라엘의 심판을 말하면서 세상 끝 날에 있을 심판을 말하기도 하고, 머지않아 있게 될 이스라엘의 회복을 말하면서 멀리 있는 천년왕국에서의 회복을 말하기도 합니다. 본문이 말하는 로마 제국도 그런 차원이라 할 수 있습니다.

신흥로마제국은 이미 이 땅에 있는데 EU(유럽 연합)가 그것이라고 저는 생각합니다. EU가 신흥로마제국이 맞는다면 예수님께서 다시 오실 날은 심히 임박했습니다. 예수님은 신흥로마제국 시대에 재림하셔서 인류

역사를 끝내고 하나님 나라의 영원한 왕이 되십니다.

요한계시록 11장 15절을 보겠습니다. **"일곱째 천사가 나팔을 불매 하늘에 큰 음성들이 나서 이르되 세상 나라가 우리 주와 그의 그리스도의 나라가 되어 그가 세세토록 왕 노릇 하시리로다 하니."**

예수님께서 지상으로 재림하시면 예수님께서 '세세토록 왕 노릇' 하신다고 했습니다.

요한계시록 19장 14-16절에는 이렇게 기록되어 있습니다.

"하늘에 있는 군대들이 희고 깨끗한 세마포 옷을 입고 백마를 타고 그를 따르더라 그의 입에서 예리한 검이 나오니 그것으로 만국을 치겠고 친히 그들을 철장으로 다스리며 또 친히 하나님 곧 전능하신 이의 맹렬한 진노의 포도주 틀을 밟겠고 그 옷과 그 다리에 이름을 쓴 것이 있으니 만왕의 왕이요 만주의 주라 하였더라."

예수님께서 지상으로 재림하시는 모습인데 예수님은 '만왕의 왕, 만주의 주' 로 오십니다. 요한계시록 20장 6절에서는 **"이 첫째 부활에 참여하는 자들은 복이 있고 거룩하도다 둘째 사망이 그들을 다스리는 권세가 없고 도리어 그들이 하나님과 그리스도의 제사장이 되어 천 년 동안 그리스도와 더불어 왕 노릇 하리라"**고 했습니다. 예수님께서 지상으로 재림하시면 천년 동안 이 땅에서 왕 노릇하실 것이고 그 후에는 영원한 천국에서 왕으로 계실 것입니다.

세상 나라들을 상징하는 신상의 각 부위 재료가 점점 나빠졌는데 그것에는 어떤 의미가 있을까요? 그것은 나라들의 왕권이 점점 약해지는 것을 의미합니다. 금으로 상징된 바벨론 제국의 왕권은 절대적이었습니다. 왕의 말이 곧 법이요, 왕의 말에 사람의 목숨이 왔다 갔다 했습니다. 그 다음으로 나타나는 나라들의 왕권은 점점 약해집니다. 그리스 제국과 로마 제국에서는 민주주의의 싹이 나면서 황제의 권력은 점점 약해졌습니다. 그럼에도 불구하고 로마는 굉장히 강한 나라였습니다. 그래서 로마를 상징하는 재료가 철입니다. 40절을 보겠습니다. **"넷째 나라는 강하기가 쇠 같으리니 쇠는 모든 물건을 부서뜨리고 이기는 것이라 쇠가 모든 것을 부수는 것 같이 그 나라가 뭇 나라를 부서뜨리고 찧을 것이며."**

철은 금이나 은보다 가치는 떨어지지만 강도는 더 강합니다. 이런 이유 때문에 로마는 쇠로 상징되었습니다.

그런데 신흥로마제국은 그렇게 강하지 못합니다. 신흥로마제국에 해당되는 신상의 발과 발가락은 쇠와 진흙으로 되어 있었습니다. 쇠와 진흙이 섞인 것은 강할 수 없습니다. 예수님은 이 신흥로마제국 시대에 다시 오십니다.

다니엘이 느부갓네살 왕에게 꿈 내용을 말해주고 꿈에 대한 해석을 들려주었더니 느부갓네살이 어떻게 합니까? 46-49절을 보겠습니다.

"이에 느부갓네살 왕이 엎드려 다니엘에게 절하고 명하여 예물과 향품을 그에게 주게 하니라 왕이 대답하여 다니엘에게 이르되 너희 하나님은 참으로 모든 신들의 신이시요 모든 왕의 주재시로다 네가 능히 이 은밀한 것을 나타내었으니 네 하나님은 또 은밀한 것을 나타내시는 이시로다 왕이 이에 다니엘을 높여 귀한 선물을 많이 주며 그를 세워 바벨론 온 지방을 다스리게 하며 또 바벨론 모든 지혜자의 어른을 삼았으며 왕이 또 다니엘의 요구대로 사드락과 메삭과 아벳느고를 세워 바벨론 지방의 일을 다스리게 하였고 다

니엘은 왕궁에 있었더라."

절대 권력자 느부갓네살이 포로로 끌려온 어린 다니엘에게 절을 했고, 다니엘이 섬기는 하나님을 찬양했습니다. 그리고 다니엘로 하여금 바벨론 온 지역을 다스리게 했습니다. 다니엘에게 찾아온 위기는 복으로 바뀌었습니다. 위기가 기회로 변했습니다. 우리에게도 위기가 찾아오면 불평하기보다 하나님께 도움을 구하며 잘 대처할 수 있기를 바랍니다. 그렇게 하다 보면 위기가 변하여 복이 되고 기회가 될 것입니다.

하나님께서 다니엘을 이렇게 높여주신 이유가 무엇일까요? 앞으로 일어나게 될 나라들을 보여주는 것이 목적이었다면 다니엘에게 직접 보여주실 수도 있었는데 하나님은 느부갓네살에게 보여주셨습니다. 그 일을 계기로 다니엘을 높여주셨습니다. 그렇게 하신 이유는 바벨론으로 끌려온 유다 사람들과 앞으로 끌려올 유다 사람들에게 희망을 주시기 위함이었습니다. 다니엘은 기원전 605년에 바벨론으로 끌려왔습니다. 가장 먼저 바벨론으로 끌려온 사람들 중 하나입니다. 몇 년 뒤인 기원전 597년에는 에스겔 선지자를 비롯한 수많은 유다 사람들이 또 바벨론으로 끌려오게 됩니다. 또 몇 년 뒤인 기원전 586년, 즉 유다가 바벨론에 의해 멸망하는 해에는 수많은 유다 사람들이 또 바벨론으로 끌려오게 됩니다. 바벨론으로 끌려온 유다 사람들이 바벨론에서 왕 다음으로 높은 사람이 자기들처럼 바벨론으로 끌려온 유다 사람인 것을 알게 되면 그들에게 얼마나 큰 위로가 되겠습니까! 이런 목적으로 하나님은 다니엘과 다니엘의 세 친구를 느부갓네살의 꿈 사건을 계기로 높여주신 것입니다.

하나님께서 요셉을 애굽의 총리로 세우신 목적은 무엇일까요? 다가올

기근에 대비하고 이스라엘을 큰 민족으로 만들어 주시기 위함이었습니다. 이와 같이 하나님께서 하시는 일에는 다 뜻이 있습니다. 에스더를 바사 제국의 왕비로 세워주신 데도 뜻이 있었습니다. 그러므로 우리는 하나님의 큰 그림을 볼 줄 알아야 합니다.

본문을 통해 인간 역사의 큰 그림을 보았습니다. 우리가 살고 있는 이 시대는 신상의 발과 발가락에 해당되는 신흥로마제국 시대입니다. 그렇다면 예수님께서 재림하실 날이 멀지 않았습니다. 예수님께서 언제 다시 오실지 알 수 없지만 언제 오시더라도 기쁨으로 맞이할 수 있는 삶을 삽시다.

4. 그렇게 하지 아니하실지라도

(단 3장)

사람들이 살아가는 것을 보면 사는 것이 쉽지 않다는 생각이 듭니다. 젊은 사람들이 사는 것을 봐도 그렇고, 노인들이 사는 것을 봐도 그렇고, 심지어 아이들이 사는 것을 봐도 그렇습니다. 예수님 믿는 우리가 신앙생활 하는 것도 쉽지 않습니다. 신앙생활을 잘 하고 싶은데 세상이 우리로 하여금 신앙생활을 잘하도록 내버려두지를 않습니다. 우리의 믿음을 시험하는 일들이 끊임없이 찾아옵니다.

다니엘서를 읽어보면 다니엘과 그의 세 친구에게도 그들의 믿음을 시험하는 일들이 끊임없이 찾아오는 것을 보게 됩니다. 그들에게 찾아온 첫 번째 시험거리는 왕이 내린 음식이었습니다(단 1장). 두 번째 시험거리는 느부갓네살 왕이 꾼 꿈을 아무도 알지도, 해석하지도 못함으로 다니엘과 다니엘의 세 친구까지 죽게 된 일이었습니다(단 2장). 세 번째 시험거리는 본문에 기록되어 있습니다. 본문의 내용을 살펴보면서 우리에게 주시는 교훈을 생각해 보겠습니다.

본문을 보면 느부갓네살 왕이 금으로 신상을 만들었습니다. 1절을 보겠습니다. **"느부갓네살 왕이 금으로 신상을 만들었으니 높이는 육십 규빗이요 너비는 여섯 규빗이라 그것을 바벨론 지방의 두라 평지에 세웠더라."**

한 규빗은 약 45cm이므로 60규빗은 27m입니다. 느부갓네살 왕이 7~8층 건물 높이의 큰 신상을 만들었습니다. 그것도 금으로 말이지요. 느부갓네살 왕이 금으로 신상을 만든 이유가 무엇일까요? 다니엘서 2장을 보면 느부갓네살 왕이 꿈을 꾸었는데 꿈에서 본 것이 신상이었습니다. 머리는 금으로 되어 있었고 가슴과 팔은 은, 배와 넓적다리는 놋, 종아리는 쇠, 그리고 발은 쇠와 진흙으로 된 신상이었습니다. 다양한 재료로 만들어진 그 신상은 이 땅에 들어설 제국들을 보여주는 것이었습니다. 금으로 된 머리는 느부갓네살 왕과 바벨론 제국을 상징하는 것이었고(단 2:38b), 은으로 된 가슴과 팔은 바벨론 제국 다음에 일어날 제국을 상징하는 것이었습니다(단 2:39). 제국의 흥망성쇠를 미리 보면서 느부갓네살 왕은 어떤 생각을 했을까요? 바벨론 제국이 영원히 계속되었으면 좋겠다는 생각을 했을 것입니다. 그 생각에서 나온 것이 머리부터 발끝까지 금으로 된 신상입니다.

금 신상의 제막식을 위해 모든 지방의 높은 사람들을 다 오게 했습니다. 악기 소리가 나면 금 신상을 향해 절하라는 명령을 내렸습니다. 절하지 않으면 맹렬히 타는 풀무불에 던져 넣겠다고 했습니다(4-6절). 드디어 제막식이 시작되었습니다. 악기 소리가 나자 모든 사람이 금 신상을 향해 절을 합니다. 그런데 신상을 향해 절하지 않는 사람들이 있었으니 다니엘의 세 친구, 사드락과 메삭과 아벳느고였습니다(8-12절). 대단한 믿음의 사람들이 아닐 수 없습니다. 말씀 속에 다니엘에 대한 언급이 없는 것을 보아 다니엘은 그 자리에 없었던 것 같습니다. 사드락과 메삭과 아벳느고가 느부갓네살 왕 앞으로 끌려왔습니다. 느부갓네살 왕은 그들을 바로 풀무불 속으로 던지지 않고 그들에게 살 수 있는 기회를 한 번 더 줍니다. 14-15절을 보겠습니다.

"느부갓네살이 그들에게 물어 이르되 사드락, 메삭, 아벳느고야 너희가 내 신을 섬기지 아니하며 내가 세운 금 신상에게 절하지 아니한다 하니 사실이냐 이제라도 너희가 준비하였다가 나팔과 피리와 수금과 삼현금과 양금과 생황과 및 모든 악기 소리를 들을 때 내가 만든 신상 앞에 엎드려 절하면 좋거니와 너희가 만일 절하지 아니하면 즉시 너희를 맹렬히 타는 풀무불 가운데에 던져 넣을 것이니 능히 너희를 내 손에서 건져낼 신이 누구이겠느냐."

왕의 이 말에 사드락과 메삭과 아벳느고는 이렇게 대답합니다. **"느부갓네살이여 우리가 이 일에 대하여 왕에게 대답할 필요가 없나이다 왕이여 우리가 섬기는 하나님이 계시다면 우리를 맹렬히 타는 풀무불 가운데에서 능히 건져내시겠고 왕의 손에서도 건져내시리이다"**(16-17절).

그들은 하나님께서 그들을 불 가운데서 구원해 주실 것을 믿었습니다. '우리가 섬기는 하나님이 계시다면' 이라는 표현에서 '계시다면' 은 빼는 것이 더 나은 번역입니다. **"우리가 섬기는 하나님이 우리를 풀무불 가**

운데에서 능히 건져내시겠고, 왕의 손에서도 건져내실 것입니다"라고 했는데, 이 말은 하나님은 구원해주실 능력뿐 아니라 의지도 있다는 말입니다. NIV 영어성경에는 **"God is able to save us, and he will rescue us."** 라고 되어 있습니다.

하나님을 믿으려면 이런 믿음을 가지고 믿어야 하지 않겠습니까? 하나님은 우리를 구해 주실 능력도 있고, 구해 주실 의지(will)도 있는 분임을 잊지 마십시오. 이런 믿음을 가지고 하나님께 나아갈 때 하나님은 우리를 위기상황에서 구해주실 것입니다. 기도할 때도 이런 믿음으로 기도해야 합니다. 마가복음 11장 24절에서 예수님은 이렇게 말씀하십니다. **"무엇이든지 기도하고 구하는 것은 받은 줄로 믿으라 그리하면 너희에게 그대로 되리라."**

아이가 아빠에게 무엇을 부탁할 때도 그렇지 않습니까? 부탁하고 나서 잊어버리면 대부분의 아버지들은 그 부탁을 들어주지 않습니다. 그러나 아이가 들어줄 것이라는 확신을 가지고 기다리면 아빠는 들어줄 수밖에 없습니다. 우리 하나님도 마찬가지입니다. 마가복음 11장 23절은 이렇게 말씀합니다. **"내가 진실로 너희에게 이르노니 누구든지 이 산더러 들리어 바다에 던져지라 하며 그 말하는 것이 이루어질 줄 믿고 마음에 의심하지 아니하면 그대로 되리라."**

사드락과 메삭과 아벳느고가 느부갓네살 왕에게 한 그 다음 말은 더 감동적입니다. **"그렇게 하지 아니하실지라도 왕이여 우리가 왕의 신들을 섬기지도 아니하고 왕이 세우신 금 신상에게 절하지도 아니할 줄을 아옵소서"** (18절).

하나님께서 구해 주실 것을 믿지만, 설령 구해주시지 않는다 해도 신상에게 절하지 않겠다는 것입니다. 정말 대단한 믿음입니다. 이런 믿음이야말로 진짜 믿음이라고 할 수 있습니다. 오늘날 많은 그리스도인들의 믿음이 어떤 줄 아십니까? 조건부 믿음입니다. 기복적 믿음입니다. 하나님께서 복을 주시면 하나님을 잘 섬길 것이고, 복을 주시지 않으면 적당히 섬기겠다는 생각을 합니다. 헌신할 때도, 물질을 드릴 때도 그런 마음이 있습니다. 내가 하나님을 위해 드렸으니 하나님도 나에게 무엇을 주셔야 한다고 생각합니다. 그런데 그런 믿음은 저차원적인 믿음입니다. 초등학생 수준의 믿음입니다. 고차원적인 믿음은 복을 주시면 좋지만 복을 주시지 않아도 상관없습니다, '그렇게 하지 아니하실지라도' 변함없이 하나님을 잘 섬기겠습니다, 이런 믿음이 고차원적인 믿음입니다.

당신은 왜 하나님을 섬깁니까? 복 받기 위해서 섬깁니까? 만일 그렇다면 당신은 저차원적인 믿음생활을 하고 있습니다. 복 받기 위해 섬기지 말고, 하나님은 마땅히 섬겨야 할 분이기 때문에 섬기기 바랍니다. 아버지가 좋은 것을 주시면 아버지이고, 좋은 것을 안 주시면 아버지가 아닙니까? 그렇지 않습니다. 하나님도 하나님이시기 때문에 하나님을 섬겨야 하는 것입니다. 복에 연연하는 믿음생활하지 말고, '그렇게 하지 아니하실지라도' 의 믿음을 가지고 하나님을 섬깁시다.

하박국 선지자가 그런 믿음으로 하나님을 섬겼습니다. 하박국 3장 17-18절에서 하박국 선지자는 이런 고백을 했습니다. **"비록 무화과나무가 무성하지 못하며 포도나무에 열매가 없으며 감람나무에 소출이 없으며 밭에 먹을 것이 없으며 우리에 양이 없으며 외양간에 소가 없을지라도 나는 여**

호와로 말미암아 즐거워하며 나의 구원의 하나님으로 말미암아 기뻐하리로 다."

왕비 에스더는 위기에 처한 자기 민족을 구하기 위해 왕께 나아가면서 **"죽으면 죽으리이다"**(에 4:16)라고 했습니다. '죽게 되면 죽겠습니다' 라는 말입니다. 다니엘의 세 친구가 가졌던 믿음이 이런 믿음이었습니다. 복음을 위해 순교한 모든 분들에게도 이런 믿음이 있었습니다. 우리도 이런 믿음 가지고 살아야 합니다. 돈 좀 더 벌겠다고 구차한 믿음생활하지 맙시다. 믿지 않는 상사나 믿지 않는 집안 식구들 눈치 보면서 구차한 믿음생활하지 맙시다. '죽으면 죽으리이다', '그렇게 하지 아니하실지라도' 의 믿음을 가지고 삽시다. 돈 많이 못 벌어도, 회사에서 승진 못해도 하나님의 사람들은 믿음을 지키며 당당하게 살아야 합니다.

사드락과 메삭과 아벳느고가 담대한 믿음으로 나아갔을 때 어떤 일이 일어나는지 19-23절을 보겠습니다.

"느부갓네살이 분이 가득하여 사드락과 메삭과 아벳느고를 향하여 얼굴빛을 바꾸고 명령하여 이르되 그 풀무불을 뜨겁게 하기를 평소보다 칠 배나 뜨겁게 하라 하고 군대 중 용사 몇 사람에게 명령하여 사드락과 메삭과 아벳느고를 결박하여 극렬히 타는 풀무불 가운데에 던지라 하니라 그러자 그 사람들을 겉옷과 속옷과 모자와 다른 옷을 입은 채 결박하여 맹렬히 타는 풀무불 가운데에 던졌더라 왕의 명령이 엄하고 풀무불이 심히 뜨거우므로 불꽃이 사드락과 메삭과 아벳느고를 붙든 사람을 태워 죽였고 이 세 사람 사드락과 메삭과 아벳느고는 결박된 채 맹렬히 타는 풀무불 가운데에 떨어졌더라."

세 사람이 풀무불 가운데 떨어졌습니다. 평소보다 일곱 배 더 뜨거운

불입니다. 얼마나 뜨거웠던지 세 사람을 불에 던진 사람들이 타죽고 말았습니다. 그런데 놀라운 일이 일어납니다. 24-27절을 보겠습니다.

"그 때에 느부갓네살 왕이 놀라 급히 일어나서 모사들에게 물어 이르되 우리가 결박하여 불 가운데에 던진 자는 세 사람이 아니었느냐 하니 그들이 왕에게 대답하여 이르되 왕이여 옳소이다 하더라 왕이 또 말하여 이르되 내가 보니 결박되지 아니한 네 사람이 불 가운데로 다니는데 상하지도 아니하였고 그 넷째의 모양은 신들의 아들과 같도다 하고 느부갓네살이 맹렬히 타는 풀무불 아귀 가까이 가서 불러 이르되 지극히 높으신 하나님의 종 사드락, 메삭, 아벳느고야 나와서 이리로 오라 하매 사드락과 메삭과 아벳느고가 불 가운데에서 나온지라 총독과 지사와 행정관과 왕의 모사들이 모여 이 사람들을 본즉 불이 능히 그들의 몸을 해하지 못하였고 머리털도 그을리지 아니하였고 겉옷 빛도 변하지 아니하였고 불 탄 냄새도 없었더라."

불 속에는 세 사람이 던져졌는데 불 속에 네 사람이 있었습니다. 네 번째 사람은 누굴까요? 하나님의 천사 아니면 인간의 몸을 입고 나타나신 하나님입니다. 하나님은 그들의 믿음대로 불 가운데서 그들을 지켜주셨고 구해주셨습니다.

하나님은 믿은 대로 되게 해 주시는 분입니다. 그러므로 무엇을 믿느냐, 어떤 말을 하느냐가 대단히 중요합니다. 마태복음 8장 13절에서 예수님은 백부장에게 **"가라 네 믿은 대로 될지어다"**라고 하셨습니다. 마태복음 9장 29절에서는 두 맹인에게 **"너희 믿음대로 되라"** 하셨습니다. 이런 분이 주님임을 기억하면서 믿음을 가지고 삽시다. 하나님은 나를 도와주실 능력이 있을 뿐 아니라 반드시 나를 도와주실 것이라는 믿음을 가지고 삽시다. 이런 믿음 가지면 하나님이 외면하시지 않습니다. 말을 할 때도 항상 믿음의 말을 해야 합니다. 민수기 14장 28절에서 하나님은 **"너희 말이 내 귀에 들린 대로 내가 너희에게 행할 것이다"**라고 하셨습니다. 사드락과 메삭과 아벳느고는 그들이 믿은 대로, 그들이 말한 대로 응답받는 복을 받았습니다.

사드락과 메삭과 아벳느고를 불 가운데서 지켜주신 하나님은 지금도 살아계십니다. 시련 가운데 계시다면 하나님께서 지금 이 순간에도 당신을 지키시고 보호하고 계시다는 것을 잊지 마십시오. 이사야 43장 1b-3a절에서 하나님은 이렇게 말씀하십니다.

"너는 두려워하지 말라 내가 너를 구속하였고 내가 너를 지명하여 불렀나니 너는 내 것이라 네가 물 가운데로 지날 때에 내가 너와 함께 할 것이라 강을 건널 때에 물이 너를 침몰하지 못할 것이며 네가 불 가운데로 지날 때에 타지도 아니할 것이요 불꽃이 너를 사르지도 못하리니 대저 나는 여호와 네 하나님이요 이스라엘의 거룩한 이요 네 구원자임이라."

사드락과 메삭과 아벳느고의 이야기는 여기서 끝나지 않습니다. 이 일이 있고 난 뒤에 하나님은 이들을 통해 영광을 받으십니다. 28-29절입니다.

"느부갓네살이 말하여 이르되 사드락과 메삭과 아벳느고의 하나님을 찬송할지로다 그가 그의 천사를 보내사 자기를 의뢰하고 그들의 몸을 바쳐 왕의 명령을 거역하고 그 하나님 밖에는 다른 신을 섬기지 아니하며 그에게 절하지 아니한 종들을 구원하셨도다 그러므로 내가 이제 조서를 내리노니 각 백성과 각 나라와 각 언어를 말하는 자가 모두 사드락과 메삭과 아벳느고의

하나님께 경솔히 말하거든 그 몸을 쪼개고 그 집을 거름터로 삼을지니 이는 이같이 사람을 구원할 다른 신이 없음이니라 하더라."

느부갓네살 왕이 하나님을 찬양했습니다. 느부갓네살 왕이 하나님을 찬양한 것은 이번이 처음은 아닙니다. 다니엘이 꿈 내용을 말해주고 해석해줬을 때도 찬양했습니다(단 2:47). 그런데 느부갓네살 왕은 하나님을 경외하는 삶을 살지는 않았습니다. 이런 믿음은 참된 믿음이라 할 수 없습니다. 참된 믿음이란 지식과 행동이 함께 가는 것입니다. 아는 것과 사는 것이 일치하는 것입니다. 그럼에도 불구하고 우상 숭배하는 제국의 왕 느부갓네살이 하나님을 찬양했다는 것은 놀라운 일이 아닐 수 없습니다. 이런 일은 다니엘의 세 친구가 믿음을 지켰기 때문에 가능했습니다.

믿음을 지키며 사는 것은 쉽지 않지만 믿음을 지키고 살면 하나님이 높임을 받습니다. 반대로, 세상과 적당히 타협하면서 살면 불 가운데 던져지는 일도 없지만 하나님이 높임 받는 일도 없습니다.

하나님의 이름이 높임 받기를 원합니까? 그러면 믿음을 지키며 사십시오.

사드락과 메삭과 아벳느고는 이 일을 통해 더 높은 사람이 됩니다. 30절입니다. **"왕이 드디어 사드락과 메삭과 아벳느고를 바벨론 지방에서 더욱 높이니라."** 아멘! 당신에게도 이런 일이 있기를 원합니까? 하나님을 기쁘시게 하는 삶을 사십시오. 처세술 좋다고 성공하는 것이 아닙니다. 하나님의 사람들은 하나님께 잘해야 성공할 수 있습니다. 사무엘상 2장 30b절에서 하나님은 이런 말씀을 하십니다. **"나를 존중히 여기는 자를 내가 존중히 여기고 나를 멸시하는 자를 내가 경멸하리라."** 잠언 16장 7절은 이렇게 말합니다. **"사람의 행위가 여호와를 기쁘시게 하면 그 사람의 원수라도 그와 더불어 화목하게 하시느니라."**

최고의 처세술은 하나님을 기쁘시게 하는 것입니다. 육군참모총장을 지낸 분 중에 황영시라는 분이 있습니다. 이 분에 대한 일화를 국민일보에서 읽었는데 소개해드리기 원합니다.

"육군3사관학교 교장이었던 황영시 장군은 육군본부교회 장로였습니다. 어느 해 3사관학교 졸업식이 열리던 날이었습니다. 졸업식이 끝나고 박정희 대통령이 참석하는 식사 자리와 더불어 칵테일파티가 이어지고 있었습니다. 파티 자리가 끝날 즈음 박 대통령이 그에게 술잔을 내밀며 말했습니다. '자, 이 잔은 대통령이 하사하는 술이니 받으시오. 당신, 이 잔 받지 않으면 옷 벗을 각오 하시오.' 그러자 황 장군은 그 자리에서 벌떡 일어났습니다. 부동자세로 박 대통령을 향해 거수경례를 한 뒤 이렇게 대답했습니다. '각하, 저는 교회 장로입니다. 제가 이 나라와 대통령을 위해서라면 이 한 목숨까지 버릴 각오로 군인생활을 하고 있습니다. 그런데 충성과 술은 아무런 관계가 없습니다. 이 술은 마시지 않도록 하겠습니다.' 행사장에 둘러앉아 있던 좌중은 물을 끼얹은 듯 조용해졌습니다. 박 대통령도 멋쩍어서 그 자리를 피했습니다.

그런데 놀라운 일은 그 뒤에 벌어졌습니다. 옷을 벗을 줄 알았던 황 장군은 며칠 지나지 않아 대통령의 특명으로 6군단장으로 영전했습니다. 육군사관학교 동기 중에서 가장 먼저 별 넷을 다는 대장이 되었고, 육군참모총장에 이어 훗날에는 감사원장까지 지냈습니다. 시험이 닥칠 때 하나님을 의지하고 당당히 맞서십시오. 반드시 승리할 것입니다"(국민일보, 2014. 7. 10. 서정오 목사).

5. 광인이 된 왕 이야기
(단 4장)

본문은 느부갓네살 왕 이야기입니다. 느부갓네살은 바벨론 제국의 두 번째 왕으로 남왕국 유다를 멸망시킨 왕입니다. 유다를 멸망시킨 해는 기원전 586년입니다. 그 전에 유다를 쳐들어와서 유다 사람들을 바벨론으로 끌고 갔는데 첫 번째로 그렇게 한 해는 기원전 605년으로 여호야김이 유다의 왕이었을 때입니다(왕하 24:1, 단 1:1). 다니엘이 그때 바벨론으로 끌려왔습니다. 그 다음으로 그렇게 한 해는 기원전 597년으로 여호야김의 아들 여호야긴이 유다의 왕이었을 때입니다(왕하 24:15-16). 그때 바벨론으로 끌려온 사람들 중의 한 사람이 에스겔입니다.

느부갓네살 왕에 대한 다니엘서의 기록을 읽어보면 이 사람은 우리를 상당히 헷갈리게 하는 사람인 것을 보게 됩니다. 왜냐하면 이 사람은 우상 숭배하는 사람인데 어떤 때는 하나님을 경외하는 사람처럼 말하기 때문입니다. 다니엘서 2장 47절을 보면 느부갓네살이 다니엘에게 이렇게 말합니다. **"너희 하나님은 참으로 모든 신들의 신이시요 모든 왕의 주재시로다 네가 능히 이 은밀한 것을 나타내었으니 네 하나님은 또 은밀한 것을 나타내시는 이시로다."**

하나님에 대해서 놀라운 고백을 했습니다. 그런데 그 다음 장인 다니엘서 3장에서는 이 사람이 큰 금 신상을 만들고 누구라도 신상에게 절하지 않으면 풀무불 속에 던져 넣겠다고 합니다. 그래서 결국 다니엘의 세 친구가 풀무불 속에 던져졌습니다. 이런 것을 보면 느부갓네살은 우상 숭배하는 사람임에 틀림없습니다. 그런데 하나님께서 다니엘의 세 친구를 풀무불 가운데서 건져주시자 느부갓네살은 이런 말을 합니다. **"사드락과 메삭과 아벳느고의 하나님을 찬송할지로다 그가 그의 천사를 보내사 자기를 의뢰하고 그들의 몸을 바쳐 왕의 명령을 거역하고 그 하나님 밖에는 다른 신을 섬기지 아니하며 그에게 절하지 아니한 종들을 구원하셨도다 그러므로 내가 이제 조서를 내리노니 각 백성과 각 나라와 각 언어를 말하는 자가 모두 사드락과 메삭과 아벳느고의 하나님께 경솔히 말하거든 그 몸을 쪼개고 그 집을 거름터로 삼을지니 이는 이같이 사람을 구원할 다른 신이 없음이니라"** (단 3:28-29).

느부갓네살이 하나님을 경외하는 사람이 거의 된 것처럼 보입니다. 그런데 본문 8절에는 이렇게 기록되어 있습니다. **"그 후에 다니엘이 내 앞에 들어왔으니 그는 내 신의 이름을 따라 벨드사살이라 이름한 자요 그의 안에는 거룩한 신들의 영이 있는 자라 내가 그에게 꿈을 말하여 이르되."**

느부갓네살이 한 말인데 그는 여전히 우상숭배자인 것을 알 수 있습니다. 그런데 본문 37절에서는 또 이렇게 말합니다. **"그러므로 지금 나 느부갓네살은 하늘의 왕을 찬양하며 칭송하며 경배하노니 그의 일이 다 진실하고 그의 행하심이 의로우시므로 교만하게 행하는 자를 그가 능히 낮추심이라."**

느부갓네살이 다시 하나님을 찬양하는 사람이 되었습니다. 그래서 느부갓내살은 우리를 헷갈리게 하는 사람이라는 것입니다. 그렇다면 느부갓네살은 우상을 숭배하는 사람일까요, 하나님을 경외하는 사람일까요? 제가 볼 때 느부갓네살은 우상을 숭배하는 사람이었는데 나중에는 하나님을 경외하는 사람이 되었다고 생각합니다. 그리고 다니엘서 4장은 느부갓네살이 하나님을 경외하는 사람이 되고 나서 한 간증이라고 생각됩니다.

본문의 내용을 살펴보겠습니다. 1-3절입니다. **"느부갓네살 왕은 천하에 거주하는 모든 백성들과 나라들과 각 언어를 말하는 자들에게 조서를 내리노라 원하노니 너희에게 큰 평강이 있을지어다 지극히 높으신 하나님이 내게 행하신 이적과 놀라운 일을 내가 알게 하기를 즐겨 하노라 참으로 크도다 그의 이적이여, 참으로 능하도다 그의 놀라운 일이여, 그의 나라는 영원한 나라요 그의 통치는 대대에 이르리로다."**

이 말은 '내가 간증을 하겠으니 한 번 들어보라' 는 것입니다. 표준새번역 성경은 2절을 이렇게 번역했습니다. "가장 높으신 하나님이 나에게 보이신 표적과 기적을 백성에게 기꺼이 알리고자 한다." 나에게 일어난 일을 간증하겠다는 말입니다.

느부갓네살 왕에게 어떤 일이 있었기에 '천하에 거주하는 모든 백성들과 나라들과 각 언어를 말하는 자들에게 조서를' (1절) 내려 말하려는 것일까요? 4절 이하에서 말하고 있는데 함께 들어보도록 하겠습니다. **"나 느부갓네살이 내 집에 편히 있으며 내 궁에서 평강할 때에 한 꿈을 꾸고 그로 말미암아 두려워하였으니 곧 내 침상에서 생각하는 것과 머리 속으로 받은 환상으로 말미암아 번민하였었노라"**(4-5절).

느부갓네살 왕이 꿈을 꾸었는데 그 꿈 때문에 두려워했다고 했습니다. 꿈의 의미를 알고자 바벨론의 지혜자들을 불러들여 꿈을 해석하게 했지만 아무도 해석하지 못했습니다. 그래서 결국 다니엘이 오게 되고 다니엘이 꿈을 해석하게 됩니다.

느부갓네살이 꿈에서 본 것은 큰 나무였습니다. 10-12절을 보겠습니다.

"내가 침상에서 나의 머리 속으로 받은 환상이 이러하니라 내가 본즉 땅의 중앙에 한 나무가 있는 것을 보았는데 높이가 높더니 그 나무가 자라서 견고하여지고 그 높이는 하늘에 닿았으니 그 모양이 땅 끝에서도 보이겠고 그 잎사귀는 아름답고 그 열매는 많아서 만민의 먹을 것이 될 만하고 들짐승이 그 그늘에 있으며 공중에 나는 새는 그 가지에 깃들이고 육체를 가진 모든 것이 거기에서 먹을 것을 얻더라."

상당히 좋은 꿈처럼 보입니다. 그런데 그 다음에 일어난 일이 심상치 않습니다. 13-16절입니다.

"내가 침상에서 머리 속으로 받은 환상 가운데에 또 본즉 한 순찰자, 한 거룩한 자가 하늘에서 내려왔는데 그가 소리 질러 이처럼 이르기를 그 나무를 베고 그 가지를 자르고 그 잎사귀를 떨고 그 열매를 헤치고 짐승들을 그

아래에서 떠나게 하고 새들을 그 가지에서 쫓아내라 그러나 그 뿌리의 그루터기를 땅에 남겨 두고 쇠와 놋줄로 동이고 그것을 들 풀 가운데에 두어라 그것이 하늘 이슬에 젖고 땅의 풀 가운데에서 짐승과 더불어 제 몫을 얻으리라 또 그 마음은 변하여 사람의 마음 같지 아니하고 짐승의 마음을 받아 일곱 때를 지내리라."

안 좋은 꿈인 것이 느껴지지요? 그래서 다니엘이 해석해 주는 것을 망설입니다. 그렇다고 해석을 안 해줄 수는 없습니다. 19절을 보겠습니다.

"벨드사살이라 이름한 다니엘이 한동안 놀라며 마음으로 번민하는지라 왕이 그에게 말하여 이르기를 벨드사살아 너는 이 꿈과 그 해석으로 말미암아 번민할 것이 아니니라 벨드사살이 대답하여 이르되 내 주여 그 꿈은 왕을 미워하는 자에게 응하며 그 해석은 왕의 대적에게 응하기를 원하나이다."

꿈의 내용이 안 좋은 것이었기에 다니엘은 "그 꿈은 왕을 미워하는 자에게 응하며 그 해석은 왕의 대적에게 응하기를 원하나이다"라고 하면서 꿈을 해석해주었습니다. 꿈에 대한 해석은 22-25절에 기록되어 있습니다.

"왕이여 이 나무는 곧 왕이시라 이는 왕이 자라서 견고하여지고 창대하사 하늘에 닿으시며 권세는 땅 끝까지 미치심이니이다 왕이 보신즉 한 순찰자, 한 거룩한 자가 하늘에서 내려와서 이르기를 그 나무를 베어 없애라 그러나 그 뿌리의 그루터기는 땅에 남겨 두고 쇠와 놋줄로 동이고 그것을 들 풀 가운데에 두라 그것이 하늘 이슬에 젖고 또 들짐승들과 더불어 제 몫을 얻으며 일곱 때를 지내리라 하였나이다 왕이여 그 해석은 이러하니이다 곧 지극히 높으신 이가 명령하신 것이 내 주 왕에게 미칠 것이라 왕이 사람에게서 쫓겨나서 들짐승과 함께 살며 소처럼 풀을 먹으며 하늘 이슬에 젖을 것이요 이와 같이 일곱 때를 지낼 것이라 그 때에 지극히 높으신 이가 사람의 나

라를 다스리시며 자기의 뜻대로 그것을 누구에게든지 주시는 줄을 아시리이다."

꿈의 내용은 한 마디로 왕이 들짐승 같이 되어서 7년을 보내게 될 것이라는 것입니다. 하나님께서 이런 일을 느부갓네살에게 일어나게 하시는 이유가 무엇일까요? 하나님이 사람의 나라를 다스리시며, 자기의 뜻대로 그것을 누구에게나 주신다는 것을 알게 해주시기 위함이었습니다(25b절). 느부갓네살 왕은 지금까지 자기가 잘나서 바벨론 제국의 왕이 되었고 바벨론 제국의 영광을 이루었다고 생각했습니다. 그런데 사실은 하나님께서 그로 하여금 바벨론 제국의 왕이 되게 하셨고 바벨론 제국의 영광을 이루게 하셨습니다. 그 사실을 깨닫지 못하니까 하나님께서 그에게 시련을 주어 깨닫도록 하기 원하셨던 것입니다. 그 사실을 깨닫게 되면 정신이 돌아와서 다시 왕의 직무를 감당하게 될 것이라는 말씀도 하셨습니다. 26절을 보겠습니다. **"또 그들이 그 나무뿌리의 그루터기를 남겨 두라 하였은즉 하나님이 다스리시는 줄을 왕이 깨달은 후에야 왕의 나라가 견고하리이다."**

느부갓네살의 입장에서 불행 중 다행이 아닐 수 없습니다. 더 좋은 것은 이런 일이 일어나지 않는 것인데, 이런 일이 일어나지 않으려면 어떻게 해야 할까요? 느부갓네살이 자신의 잘못을 회개하고 이제부터라도 하나님께 영광 돌리는 삶을 살면 되겠지요. 그래서 다니엘이 느부갓네살 왕에게 그렇게 하라고 권면합니다. **"그런즉 왕이여 내가 아뢰는 것을 받으시고 공의를 행함으로 죄를 사하고 가난한 자를 긍휼히 여김으로 죄악을 사하소서 그리하시면 왕의 평안함이 혹시 장구하리이다 하니라"**(27절). 표준새번역 성경은 이렇게 번역했습니다. "그러니 임금님은 저의 조언을 받아 주시기를 바랍니다. 공의를 행하셔서 임금님의 죄를 속하시고, 가난한 백성에게 자비를 베푸셔서 죄를 속하시기 바랍니다. 그렇게 하시면 임금님의 영화가 지속될 수 있을지도 모릅니다."

그런데 느부갓네살이 다니엘의 권면을 따르지 않습니다. 그래서 결국 다니엘이 해석해 준 일이 느부갓네살에게 일어나고 맙니다. 28-33절을 보겠습니다.

"이 모든 일이 다 나 느부갓네살 왕에게 임하였느니라 열두 달이 지난 후에 내가 바벨론 왕궁 지붕에서 거닐새 나 왕이 말하여 이르되 이 큰 바벨론은 내가 능력과 권세로 건설하여 나의 도성으로 삼고 이것으로 내 위엄의 영광을 나타낸 것이 아니냐 하였더니 이 말이 아직도 나 왕의 입에 있을 때에 하늘에서 소리가 내려 이르되 느부갓네살 왕아 네게 말하노니 나라의 왕위가 네게서 떠났느니라 네가 사람에게서 쫓겨나서 들짐승과 함께 살면서 소처럼 풀을 먹을 것이요 이와 같이 일곱 때를 지내서 지극히 높으신 이가 사람의 나라를 다스리시며 자기의 뜻대로 그것을 누구에게든지 주시는 줄을 알기까지 이르리라 하더라 바로 그 때에 이 일이 나 느부갓네살에게 응하므로 내가 사람에게 쫓겨나서 소처럼 풀을 먹으며 몸이 하늘 이슬에 젖고 머리털이 독수리 털과 같이 자랐고 손톱은 새 발톱과 같이 되었더라."

바벨론 제국의 황제에게 기가 막힌 일이 일어났습니다. 보통사람에게 이런 일이 일어나도 보통 심각한 문제가 아닌데 세계 최고 권력자에게 이런 일이 있어났으니 얼마나 기막힌 일입니까!

하나님께서 느부갓네살 왕에게 이런 일이 일어나도록 하신 이유가 무엇일까요? 느부갓네살로 하여금 두 가지를 깨닫도록 하기 위함이었습니다. 첫째는, 사람의 나라를 다스리는 분은 하나님이고 하나님은 하나님께서 원하는 사람에게 나라를 주신다는 것입니다. 17절을 보겠습니다. **"이는 순찰자들의 명령대로요 거룩한 자들의 말대로이니 지극히 높으신 이가 사람의 나라를 다스리시며 자기의 뜻대로 그것을 누구에게든지 주시며 또 지극히 천한 자를 그 위에 세우시는 줄을 사람들이 알게 하려 함이라 하였느니라."**

25b절도 보겠습니다. **"그 때에 지극히 높으신 이가 사람의 나라를 다스리시며 자기의 뜻대로 그것을 누구에게든지 주시는 줄을 아시리이다."**

둘째는, 교만하면 하나님께서 낮추신다는 것입니다. 37절을 보겠습니다. **"그러므로 지금 나 느부갓네살은 하늘의 왕을 찬양하며 칭송하며 경배하노니 그의 일이 다 진실하고 그의 행하심이 의로우시므로 교만하게 행하는 자를 그가 능히 낮추심이라."**

이 두 가지를 깨닫게 하시려고 하나님은 느부갓네살을 바닥으로 떨어지게 하셨습니다. 사람은 말로만 하면 깨닫지 못할 때가 많습니다. 그래서 하나님은 한 번씩 고난을 허락하십니다. 고난을 통해서도 깨닫지 못하는 사람이 많지만 느부갓네살은 고난을 통해서 하나님께서 가르쳐주시고자 하는 것을 확실하게 배웠습니다.

느부갓네살이 고난을 통해 배운 두 가지를 우리도 잊지 말아야 합니다. 첫째는, 세상 나라를 다스리는 분은 하나님이고 하나님은 하나님께서 원하는 사람에게 나라를 주신다는 것입니다. 로마서 13장 1절은 이렇게 말씀합니다. **"각 사람은 위에 있는 권세들에게 복종하라 권세는 하나님으로부터 나지 않음이 없나니 모든 권세는 다 하나님께서 정하신 바라."**

그렇다면 악한 왕이나 대통령은 누가 세우는 것일까요? 악한 왕이나 대통령도 하나님이 세우십니다. 악한 자는 악한 일에, 선한 자는 선한 일에 사용하기 위해 하나님은 선한 자도 세우고 악한 자도 세우는 것입니다. 그러므로 나라의 흥망성쇠나 개인의 생사화복은 하나님께서 주관하시는 것임을 잊지 말아야 합니다.

둘째는, 교만하면 낮추신다는 것입니다. 성경에는 교만을 경계하는 말씀이 많습니다. 잠언 16장 18은 이렇게 말씀합니다. **"교만은 패망의 선봉이요 거만한 마음은 넘어짐의 앞잡이니라."** 잠언 18장 12절에는 **"사람의 마음의 교만은 멸망의 선봉이요 겸손은 존귀의 길잡이니라"** 하는 말씀이 있고, 잠언 3장 34절에는 **"진실로 그는 거만한 자를 비웃으시며 겸손한 자에게 은혜를 베푸신다"**는 말씀이 있습니다.

느부갓네살 왕이 교만했을 때 하나님은 그를 바닥까지 낮추셨습니다. 그의 교만을 본문 30절에서 볼 수 있습니다. **"나 왕이 말하여 이르되 이 큰 바벨론은 내가 능력과 권세로 건설하여 나의 도성으로 삼고 이것으로 내 위엄의 영광을 나타낸 것이 아니냐."** 느부갓네살의 교만이 대단했습니다. 교만한 그를 하나님은 들짐승처럼 되는 수준까지 낮추셨습니다.

7년이 지난 뒤에 하나님은 느부갓네살을 회복시켜주셨습니다. 34-36절을 보겠습니다.

"그 기한이 차매 나 느부갓네살이 하늘을 우러러 보았더니 내 총명이 다시 내게로 돌아온지라 이에 내가 지극히 높으신 이에게 감사하며 영생하시는 이를 찬양하고 경배하였나니 그 권세는 영원한 권세요 그 나라는 대대에 이르리로다 땅의 모든 사람들을 없는 것 같이 여기시며 하늘의 군대에게든지 땅의 사람에게든지 그는 자기 뜻대로 행하시나니 그의 손을 금하든지 혹

시 이르기를 네가 무엇을 하느냐고 할 자가 아무도 없도다 그 때에 내 총명이 내게로 돌아왔고 또 내 나라의 영광에 대하여도 내 위엄과 광명이 내게로 돌아왔고 또 나의 모사들과 관원들이 내게 찾아오니 내가 내 나라에서 다시 세움을 받고 또 지극한 위세가 내게 더하였느니라."

이 일이 있고 난 뒤에 느부갓네살은 어떻게 되었을까요? 또 우상을 섬겼을까요? 느부갓네살의 이야기는 다니엘서 4장으로 끝이 납니다. 그 뒤에 어떻게 되었는지 우리가 알 수 없습니다. 제 생각에는 하나님을 경외하는 삶을 살았을 것입니다. 그렇게 믿고 싶습니다. 7년 동안이나 고통을 당하고도 정신을 못 차렸다면 말이 되지 않습니다.

하나님은 지금도 살아계시고 나라들을 다스리고 계십니다. 나라의 흥망성쇠와 개인의 생사화복을 주관하시는 분이 하나님인 것을 기억하면서 하나님을 경외하며 하나님을 더 잘 섬기는 우리가 되고 우리나라가 되기를 주님의 이름으로 축복합니다.

6. 바벨론이 무너지다
(단 5장)

본문은 바벨론 제국이 메대와 바사 제국에 의해 무너지는 내용입니다. 30-31절을 보면 **"그 날 밤에 갈대아 왕 벨사살이 죽임을 당하였고 메대 사람 다리오가 나라를 얻었는데 그 때에 다리오는 육십이 세였더라"**라고 되어 있습니다. 메대는 오늘날 이란의 북쪽 지방에 있던 나라인데 메대는 바벨론 제국을 무너뜨린 뒤 바로 바사에 합병되었습니다. 이런 이유 때문에 바벨론 제국은 메대와 바사에 의해 무너졌다고 말하는 것입니다. 바사는 페르시아인데 오늘날의 이란입니다.

바벨론이 메대와 바사에 의해 멸망한 해는 기원전 539년입니다. 유다가 바벨론에 의해 멸망한 해가 기원전 586년이므로 바벨론은 유다를 멸망시키고 47년이 지나 멸망했습니다. 느부갓네살 왕이 자신의 제국이 영원하기를 바라면서 금 신상을 만들었지만 바벨론 제국은 그렇게 오래 가지 못했습니다. 영원한 제국은 이 세상에 없습니다.

바벨론이 메대와 바사에 의해 무너졌을 때 바벨론의 왕은 벨사살이었습니다. 본문에서 벨사살은 느부갓네살 왕의 아들인 것처럼 나옵니다. 2a절을 보겠습니다. **"벨사살이 술을 마실 때에 명하여 그의 부친 느부갓네살이 예루살렘 성전에서 탈취하여 온 금, 은 그릇을 가져오라고 명하였으니."**

느부갓네살을 '그(벨사살)의 부친' 이라고 했습니다. 11b절과 13절에도 느부갓네살이 벨사살의 아버지인 것처럼 기록되어 있습니다. 그런데 사실은 느부갓네살은 벨사살의 아버지가 아니라 할아버지입니다. 여기서 '부친' 은 할아버지나 선조의 개념으로 사용된 것입니다.

느부갓네살 왕이 죽고 난 뒤 그의 왕위를 물려받은 사람은 그의 아들 에윌므로닥이었습니다. 에윌므로닥에 대한 언급은 열왕기하 25장 27절에 나옵니다. **"유다의 왕 여호야긴이 사로잡혀 간 지 삼십칠 년 곧 바벨론의 왕 에윌므로닥이 즉위한 원년 십이월 그 달 이십칠일에 유다의 왕 여호야긴을 옥에서 내놓아 그 머리를 들게 하고."**

느부갓네살의 왕위를 이어받은 에윌므로닥은 2년 통치하고 자기의 매부이자 느부갓네살의 사위인 네리글리사르에게 살해됩니다. 네리글리사르는 성경에 네르갈사레셀이라는 이름으로 나옵니다(렘 39:3). 이 사람은 4년 통치하다가 죽고 그의 아들 라바쉬 마르둑이 왕이 됩니다. 라바쉬 마르둑은 두 달 왕위에 있다가 나보니두스라는 사람에게 살해되고 나보니두스가 그 다음 왕이 됩니다. 나보니두스는 느부갓네살 왕의 또 다른 사위로 17년간 통치합니다. 이 사람은 자기 아들과 함께 통치하였는데 그의 아들이 벨사살입니다. 그러니까 벨사살은 느부갓네살 왕의 외손자입니다.

벨사살이 죽으면서 바벨론 제국의 역사는 끝이 나는데 그 때가 기원전 539년입니다. 다니엘은 기원전 605년에 바벨론으로 끌려왔으니까 다니엘이 끌려온 지 66년이 지나 바벨론 제국이 멸망한 것입니다.

본문은 벨사살 왕이 죽던 날, 즉 바벨론 제국이 멸망하던 날에 있었던 일을 기록한 내용입니다. 그날 무슨 일이 있었는가 하면 벨사살 왕이 성대한 파티를 열고 있었습니다. 1절을 보겠습니다. **"벨사살 왕이 그의 귀족 천 명을 위하여 큰 잔치를 베풀고 그 천 명 앞에서 술을 마시니라."**

그런데 지금 파티할 상황은 아닙니다. 왜냐하면 본문에는 안 나와 있지만 메대의 군대가 바벨론 성을 포위하고 있기 때문입니다. 바벨론 성은 적군이 쉽게 쳐들어올 수 없는 난공불락의 성입니다. 왜냐하면 유프라테스 강에서 끌어온 물이 바벨론 성을 둘러싸고 있었기 때문입니다. 적군이 성을 포위하면 보통 마실 물과 양식이 떨어져서 항복하게 되는 경우가 많은데 바벨론 성 안에는 마실 물과 식량이 충분했습니다. 그래서 벨사살 왕은 성을 포위한 메대와 바사를 비웃기라도 하듯 술파티를 벌이고 있었습니다.

술을 마시다가 자기 할아버지 느부갓네살이 예루살렘 성전에서 가져온 그릇들을 가져오게 해서 그 거룩한 그릇에 술을 부어 마십니다. 2-3절을 보겠습니다. **"벨사살이 술을 마실 때에 명하여 그의 부친 느부갓네살이 예루살렘 성전에서 탈취하여 온 금, 은 그릇을 가져오라고 명하였으니 이는 왕과 귀족들과 왕후들과 후궁들이 다 그것으로 마시려 함이었더라 이에 예루살렘 하나님의 전 성소 중에서 탈취하여 온 금 그릇을 가져오매 왕이 그**

귀족들과 왕후들과 후궁들과 더불어 그것으로 마시더라."

그뿐만이 아닙니다. 술을 마시면서 자기들이 섬기는 신들을 찬양합니다. 4절입니다. **"그들이 술을 마시고는 그 금, 은, 구리, 쇠, 나무, 돌로 만든 신들을 찬양하니라."** 벨사살은 메대와 바사 군대를 비웃었을 뿐 아니라 하나님도 비웃었습니다.

그때 어떤 일이 일어납니까? 파티를 하고 있는 그 장소의 석회 벽에 사람의 손이 나타나 글을 씁니다. 5절을 보겠습니다. **"그 때에 사람의 손가락들이 나타나서 왕궁 촛대 맞은편 석회벽에 글자를 쓰는데 왕이 그 글자 쓰는 손가락을 본지라."**

벨사살 왕이 그것을 보았을 때 얼마나 무서웠겠습니까. 6절은 이렇게 기록하고 있습니다. **"이에 왕의 즐기던 얼굴 빛이 변하고 그 생각이 번민하여 넓적다리 마디가 녹는 듯하고 그의 무릎이 서로 부딪친지라."** 얼마나 무서웠으면 사색이 되고, 무릎이 서로 부딪힐 정도로 떨었겠습니까. 우리가 벨사살이었어도 그랬을 것입니다.

왕은 술객과 술사와 점쟁이들을 불러들여 글자를 읽고 해석하라고 합니다. 7절을 보겠습니다. **"왕이 크게 소리 질러 술객과 갈대아 술사와 점쟁이를 불러오게 하고 바벨론의 지혜자들에게 말하되 누구를 막론하고 이 글자를 읽고 그 해석을 내게 보이면 자주색 옷을 입히고 금사슬을 그의 목에 걸어 주리니 그를 나라의 셋째 통치자로 삼으리라 하니라."**

글을 해석하는 자를 나라의 '셋째 통치자' 로 삼겠다고 했는데 그 이유는 첫째 통치자는 자기 아버지, 둘째는 자기 자신이기 때문입니다. 그런데 아무도 그 글자를 해석하지 못했습니다(8-9절).

왕비가 그 소식을 듣고 찾아옵니다. 그러고는 다니엘에 대해 말을 해줍니다. 10-12절을 보겠습니다.

"왕비가 왕과 그 귀족들의 말로 말미암아 잔치하는 궁에 들어왔더니 이에 말하여 이르되 왕이여 만수무강 하옵소서 왕의 생각을 번민하게 하지 말며 얼굴빛을 변할 것도 아니니이다 왕의 나라에 거룩한 신들의 영이 있는 사람이 있으니 곧 왕의 부친 때에 있던 자로서 명철과 총명과 지혜가 신들의 지혜와 같은 자니이다 왕의 부친 느부갓네살 왕이 그를 세워 박수와 술객과 갈대아 술사와 점쟁이의 어른을 삼으셨으니 왕이 벨드사살이라 이름하는 이 다니엘은 마음이 민첩하고 지식과 총명이 있어 능히 꿈을 해석하며 은밀한 말을 밝히며 의문을 풀 수 있었나이다 이제 다니엘을 부르소서 그리하시면 그가 그 해석을 알려 드리리이다 하니라."

'왕비' 는 벨사살의 어머니라고 생각됩니다. 그녀는 나보니두스의 아내이자 느부갓네살의 딸입니다. 이렇게 해서 다니엘이 왕의 부름을 받고 왕 앞에 서게 됩니다. 13-17절을 보겠습니다.

"이에 다니엘이 부름을 받아 왕의 앞에 나오매 왕이 다니엘에게 말하되 네가 나의 부왕이 유다에서 사로잡아 온 유다 자손 중의 그 다니엘이냐 내가 네게 대하여 들은즉 네 안에는 신들의 영이 있으므로 네가 명철과 총명과 비상한 지혜가 있다 하도다 지금 여러 지혜자와 술객을 내 앞에 불러다가 그들에게 이 글을 읽고 그 해석을 내게 알게 하라 하였으나 그들이 다 그 해석을 내게 보이지 못하였느니라 내가 네게 대하여 들은즉 너는 해석을 잘하고 의문을 푼다 하도다 그런즉 이제 네가 이 글을 읽고 그 해석을 내게 알려 주면 네게 자주색 옷을 입히고 금 사슬을 네 목에 걸어 주어 너를 나라의 셋째 통치자로 삼으리라 하니 다니엘이 왕에게 대답하여 이르되 왕의 예물은 왕이

친히 가지시며 왕의 상급은 다른 사람에게 주옵소서 그럴지라도 내가 왕을 위하여 이 글을 읽으며 그 해석을 아뢰리이다."

다니엘이 멋지지 않습니까? 다니엘이 멋진 이유는 권력이나 돈에 관심이 없었기 때문입니다. 사람이 권력이나 돈에 집착을 하게 되면 추해집니다.

이제 다니엘이 벽에 쓰인 글을 해석해주는 내용을 보겠습니다. 다니엘은 그 글을 해석해주기 전에 왜 손이 나타나서 글을 썼는지부터 설명해줍니다. 18-24절을 보겠습니다.

"왕이여 지극히 높으신 하나님이 왕의 부친 느부갓네살에게 나라와 큰 권세와 영광과 위엄을 주셨고 그에게 큰 권세를 주셨으므로 백성들과 나라들과 언어가 다른 모든 사람들이 그의 앞에서 떨며 두려워하였으며 그는 임의로 죽이며 임의로 살리며 임의로 높이며 임의로 낮추었더니 그가 마음이 높아지며 뜻이 완악하여 교만을 행하므로 그의 왕위가 폐한 바 되며 그의 영광을 빼앗기고 사람 중에서 쫓겨나서 그의 마음이 들짐승의 마음과 같았고 또 들나귀와 함께 살며 또 소처럼 풀을 먹으며 그의 몸이 하늘 이슬에 젖었으며 지극히 높으신 하나님이 사람 나라를 다스리시며 자기의 뜻대로 누구든지 그 자리에 세우시는 줄을 알기에 이르렀나이다 벨사살이여 왕은 그의 아들이 되어서 이것을 다 알고도 아직도 마음을 낮추지 아니하고 도리어 자신을 하늘의 주재보다 높이며 그의 성전 그릇을 왕 앞으로 가져다가 왕과 귀족들과 왕후들과 후궁들이 다 그것으로 술을 마시고 왕이 또 보지도 듣지도 알지도 못하는 금, 은, 구리, 쇠와 나무, 돌로 만든 신상들을 찬양하고 도리어 왕의 호흡을 주장하시고 왕의 모든 길을 작정하시는 하나님께는 영광을

돌리지 아니한지라 이러므로 그의 앞에서 이 손가락이 나와서 이 글을 기록하였나이다."

손가락이 나와서 벽에 글을 쓴 이유는 느부갓네살 왕에게 일어난 일을 벨사살이 알면서도 하나님을 찬양하지 않고 마음이 교만하여 하나님을 모독했기 때문입니다. 이런 것을 생각하면 벨사살이 참 어리석은 사람입니다. 몰라서 그랬다면 이해해 줄 수도 있지만 알고도 그랬다니 얼마나 어리석은 사람입니까. 잠언 22장 3절에 **"슬기로운 자는 재앙을 보면 숨어 피하여도 어리석은 자는 나가다가 해를 받는다"**고 했는데 벨사살이 알고도 해를 당하는 어리석은 사람이었습니다.

거기에 비해 다니엘은 어떤 사람입니까? 용감한 사람입니다. 왕에게 바른 말을 하고 왕을 책망하는 것이 쉬운 일이 아닌데 다니엘은 그렇게 했습니다. 잠언 28장 1절에 **"악인은 쫓아오는 자가 없어도 도망하나 의인은 사자 같이 담대하다"**는 말씀이 있는데 다니엘이 사자 같이 담대한 사람이었습니다. 우리도 다니엘처럼 용감한 사람이 될 수 있기를 바랍니다. 성경을 읽어보면 하나님의 사람들은 다 용감했습니다. 다윗 왕을 책망한 나단 선지자도 용감했고, 아합 왕을 책망한 엘리야 선지자도 용감했고, 헤롯 왕을 책망한 침례 요한도 용감했습니다.

다니엘이 벽에 쓰인 글을 해석하는 내용은 25-28절에 기록되어 있습니다. **"기록된 글자는 이것이니 곧 메네 메네 데겔 우바르신이라 그 글을 해석하건대 메네는 하나님이 이미 왕의 나라의 시대를 세어서 그것을 끝나게 하셨다 함이요 데겔은 왕을 저울에 달아 보니 부족함이 보였다 함이요 베레스는 왕의 나라가 나뉘어서 메대와 바사 사람에게 준 바 되었다 함이니이다 하**

니."

손가락이 벽에 쓴 글자는 "메네 메네 데겔 우바르신" 입니다. '메네' 는 '수를 세었다' 는 뜻인데 나라의 햇수를 세었다는 말입니다(26절). '데겔' 은 '저울에 달았다' 는 뜻인데 왕의 무게를 달았다는 말입니다(27절). '우바르신' 의 '우' 는 '그리고' 라는 뜻이고, '바르신' 은 '나누어졌다' 는 뜻인데 왕의 나라가 나누어졌다는 말입니다(28절). 그러니까 "메네 메네 데겔 우바르신" 은 '수를 세었고, 무게를 달았고, 그리고 나누어졌다' 는 뜻입니다.

다니엘이 글자의 뜻을 해석해 주자 벨사살 왕은 자신이 한 약속을 지킵니다. 29절을 보겠습니다. **"이에 벨사살이 명하여 그들이 다니엘에게 자주색 옷을 입히게 하며 금 사슬을 그의 목에 걸어 주고 그를 위하여 조서를 내려 나라의 셋째 통치자로 삼으니라."**

벨사살이 약속은 지켰지만 별 의미는 없습니다. 왜냐하면 바벨론은 곧 멸망할 것이기 때문입니다. 바벨론이 언제 멸망합니까? 그날 밤에 멸망합니다. 30-31절을 보겠습니다. **"그 날 밤에 갈대아 왕 벨사살이 죽임을 당하였고 메대 사람 다리오가 나라를 얻었는데 그 때에 다리오는 육십이 세였더라."**

이렇게 해서 바벨론 제국의 역사는 끝이 났습니다. 그때가 기원전 539년입니다.

본문을 통해 배울 수 있는 교훈은 하나님은 지금도 개인과 나라의 날수를 세고 계시고, 개인과 나라를 저울에 달고 계신다는 것입니다. 시편 39편 4-5절에 이런 말씀이 있습니다. **"여호와여 나의 종말과 연한이 언제**

까지인지 알게 하사 내가 나의 연약함을 알게 하소서 주께서 나의 날을 한 뼘 길이만큼 되게 하시매 나의 일생이 주 앞에는 없는 것 같사오니 사람은 그가 든든히 서 있는 때에도 진실로 모두가 허사뿐이니이다." 하나님은 지금도 우리의 날수를 정하시고 세고 계시는 분임을 잊으면 안 됩니다.

시편 90편 11-12절도 보겠습니다. **"누가 주의 노여움의 능력을 알며 누가 주의 진노의 두려움을 알리이까 우리에게 우리 날 계수함을 가르치사 지혜로운 마음을 얻게 하소서."** 나에게 남은 날이 얼마일까를 생각하면서 사는 지혜가 우리에게 필요합니다.

사무엘상 2장 3절에는 이런 말씀이 있습니다. **"심히 교만한 말을 다시 하지 말 것이며 오만한 말을 너희의 입에서 내지 말지어다 여호와는 지식의 하나님이시라 행동을 달아 보시느니라."** 하나님은 우리의 행동을 달아보는 분임을 잊으면 안 됩니다.

잠언 24장 12절에는 이런 말씀도 있습니다. **"네가 말하기를 나는 그것을 알지 못하였노라 할지라도 마음을 저울질 하시는 이가 어찌 통찰하지 못하시겠으며 네 영혼을 지키시는 이가 어찌 알지 못하시겠느냐 그가 각 사람의 행위대로 보응하시리라."** 하나님은 우리의 마음과 행동을 저울질 하시며 우리의 행위대로 보응하시는 분입니다.

누가복음 12장에는 어리석은 한 부자의 이야기가 나옵니다. 이 사람은 자신을 위해 좋은 계획을 많이 세웠지만 하나님에 대해서는 전혀 생각하는 것이 없었습니다. 자기의 재물을 가지고 오래오래 행복하게 살 계획이었지만 하나님의 계획은 그날 밤에 그의 생명을 거두어 가는 것이었습니다. 그것을 알지 못하고 헛된 계획을 세웠으니 얼마나 어리석은 사람입니까!

우리는 우리 각자의 종말이 언제 임할지 모릅니다. 어느 날 갑자기 죽을 수 있는 것이 우리 인생들입니다. 시편 62편 3절에서 다윗은 사람을 '넘어지는 담과 흔들리는 울타리' 에 비유했습니다. 넘어지는 담과 흔들리는 울타리. 얼마나 불안합니까. 언제라도 넘어질 수 있는 것이 우리 인생이고 생명입니다. 한 나라가 망하는 것도 마찬가지입니다. 한 나라를 세우는 데는 수십 년이 걸리고 수백 년이 걸리지만 무너지는 데는 그렇게 오래 걸리지 않습니다. 정책 하나만 잘못 세워도 수십 년 후퇴하고, 전쟁만 나도 순식간에 폐허가 될 수 있는 것이 나라입니다. 북한의 악한 정권도 바벨론처럼 하루아침에 망하게 하실 수 있는 분이 하나님이십니다. 인류역사도 어느 날 갑자기 끝나게 될 것입니다. 인류역사는 예수님께서 공중으로 재림하셨다가 지상으로 재림하시면 끝이 납니다. 예수님이 언제 오실지 알 수 없지만 '생각하지 않은 때에' 오시겠다고 하셨습니다(마 24:44). 인류역사도 어느 날 갑자기 끝나는 것입니다.

언제 주님이 우리를 부르시고, 언제 주님이 다시 오신다 해도 부끄럼 없이 주님을 만날 수 있도록 주님 맞을 준비를 하면서 살아갑시다. 어떻게 사는 것이 그렇게 사는 것일까요? 본문의 다니엘처럼 살면 됩니다. 다니엘은 돈과 권력을 위해 살지 않았습니다. 하나님 말씀에 순종하면서 하나님께 영광 돌리는 삶을 살았습니다. 우리도 그렇게 살아갑시다.

7. 전에 하던 대로 하루 세 번씩

(단 6장)

본문은 사자 굴에 던져진 다니엘의 이야기입니다. 다니엘은 기원전 605년에 바벨론으로 끌려왔고, 본문의 사건은 66년이 지난 기원전 539년에 일어났습니다. 어린 소년이었던 다니엘은 80이 넘은 할아버지가 되었습니다. 시대도 바뀌어서 바벨론은 무너졌고, 메대와 바사가 세상을 지배하는 시대가 되었습니다.

메대와 바사는 서로 다른 두 나라였는데 메대가 바사에 통합됨으로 결국은 한 나라가 되었습니다. 두 나라가 통합될 때 메대의 왕은 다리오였고 바사의 왕은 고레스였습니다. 본문 28절에 그것이 나타나 있습니다. **"이 다니엘이 다리오 왕의 시대와 바사 사람 고레스 왕의 시대에 형통하였더라."** 고레스 왕은 '바사 사람' 즉 바사의 왕이었고, 다리오는 메대 사람

즉 메대의 왕이었습니다. 다리오가 메대 사람인 것은 다니엘서 5장 31절에 나와 있습니다. **"메대 사람 다리오가 나라를 얻었는데 그 때에 다리오는 육십이 세였더라."**

두 나라가 언제 어떤 방식으로 통합되었는지 정확하게 알 수 없지만 본문을 보면 두 나라는 이미 통합되었든지, 아니면 통합되는 절차를 밟고 있었던 것으로 보입니다. 본문에는 '메대와 바사' 라는 표현이 세 번씩이나 나옵니다(8, 12, 15절).

다니엘은 바벨론 제국 시절에 끌려와서 지금은 메대와 바사 제국 시대를 살고 있습니다. 시대가 바뀌어도 바뀌지 않는 것이 있는데 그것은 하나님을 향한 다니엘의 믿음과 사랑입니다. 다니엘은 어렸을 때도 하나님을 잘 섬겼고, 늙어서도 하나님을 변함없이 잘 섬기고 있습니다. 그런 다니엘을 하나님은 어떻게 선대해 주셨는가 하면 왕의 사랑을 받는 자가 되게 해주셨고, 형통한 자가 되게 해 주셨습니다. 1-2a절을 보겠습니다. **"다리오가 자기의 뜻대로 고관 백이십 명을 세워 전국을 통치하게 하고 또 그들 위에 총리 셋을 두었으니 다니엘이 그 중의 하나이라."** 28절에서도 **"이 다니엘이 다리오 왕의 시대와 바사 사람 고레스 왕의 시대에 형통하였더라"**고 했습니다.

그렇다고 해서 그의 삶에 시련이 없었던 것은 아닙니다. 본문에서 다니엘은 하나님께 기도하다가 사자 굴에 던져지는 일을 당합니다. 본문의 내용을 살펴보면서 우리에게 주시는 교훈을 생각해 보겠습니다. .

3-4절을 보겠습니다. **"다니엘은 마음이 민첩하여 총리들과 고관들 위에**

뛰어나므로 왕이 그를 세워 전국을 다스리게 하고자 한지라 이에 총리들과 고관들이 국사에 대하여 다니엘을 고발할 근거를 찾고자 하였으나 아무 근거, 아무 허물도 찾지 못하였으니 이는 그가 충성되어 아무 그릇됨도 없고 아무 허물도 없음이었더라."

이 말씀에 의하면 다니엘은 실력도 있고, 도덕적으로나 윤리적으로 전혀 문제가 없는 사람인 것을 알 수 있습니다. 이런 사람이다 보니 왕에게는 사랑을 받았지만 다른 사람들에게는 시기와 질투의 대상이 되었습니다. 그래서 사람들이 다니엘의 신앙생활을 문제 삼아 다니엘을 죽일 계획을 세웁니다. 5-7절을 보겠습니다.

"그들이 이르되 이 다니엘은 그 하나님의 율법에서 근거를 찾지 못하면 그를 고발할 수 없으리라 하고 이에 총리들과 고관들이 모여 왕에게 나아가서 그에게 말하되 다리오 왕이여 만수무강 하옵소서 나라의 모든 총리와 지사와 총독과 법관과 관원이 의논하고 왕에게 한 법률을 세우며 한 금령을 정하실 것을 구하나이다 왕이여 그것은 곧 이제부터 삼십일 동안에 누구든지 왕 외의 어떤 신에게나 사람에게 무엇을 구하면 사자 굴에 던져 넣기로 한 것이니이다."

다니엘을 시기하고 질투한 사람들이 만든 법은 왕 외에 어떤 신에게나 사람에게 무엇을 구하면, 즉 기도하면 사자 굴에 집어넣는다는 것이었습니다. 이 법은 다리오 왕을 우상화하는 법인데 북한에도 이와 비슷한 법이 있을 것입니다. 다리오 왕은 그 법이 다니엘을 잡으려는 법인 줄 모르고 도장을 찍어줍니다. 8-9절을 보겠습니다.

"그런즉 왕이여 원하건대 금령을 세우시고 그 조서에 왕의 도장을 찍어 메대와 바사의 고치지 아니하는 규례를 따라 그것을 다시 고치지 못하게 하

옵소서 하매 이에 다리오 왕이 조서에 왕의 도장을 찍어 금령을 내니라."

이제부터 왕이 아닌 다른 대상에게 기도를 하면 사자 굴에 던져집니다. 그 사실을 알고도 다니엘은 하나님께 기도했습니다. **"다니엘이 이 조서에 왕의 도장이 찍힌 것을 알고도 자기 집에 돌아가서는 윗방에 올라가 예루살렘으로 향한 창문을 열고 전에 하던 대로 하루 세 번씩 무릎을 꿇고 기도하며 그의 하나님께 감사하였더라"**(10절).

믿음과 용기가 없으면 절대로 이렇게 할 수 없습니다. 저와 여러분 같았어도 이렇게 했을까요? 금령기간인 30일이 지나서 하던지, 창문을 닫고 골방에 들어가 했겠지요. 그런데 다니엘은 전에 하던 것과 똑 같은 방식으로 예루살렘으로 향한 창문을 열고 하루 세 번씩 무릎을 꿇고 기도했습니다. 그렇게 한 이유가 무엇일까요? 하나님을 향한 나의 믿음과 사랑은 어떤 상황에서도 변함이 없다는 것을 보여주기 위해서였습니다. 다니엘의 세 친구도 그런 신앙을 가지고 있었습니다. 다니엘서 3장 17-18절을 보겠습니다.

"왕이여 우리가 섬기는 하나님이 우리를 맹렬히 타는 풀무불 가운데에서 능히 건져내시겠고 왕의 손에서도 건져내시리이다 그렇게 하지 아니하실지라도 왕이여 우리가 왕의 신들을 섬기지도 아니하고 왕이 세우신 금 신상에게 절하지도 아니할 줄을 아옵소서."

다니엘이 가졌던 신앙도 바로 이런 신앙이었습니다. 다니엘은 하나님이 자기를 지켜주실 것을 믿었고, 지켜주시지 않는다 해도 하나님께 기도하는 일을 멈출 수는 없었습니다.

이 일로 인하여 다니엘은 결국 고소를 당하게 됩니다. 11-14절을 보겠습니다.

“그 무리들이 모여서 다니엘이 자기 하나님 앞에 기도하며 간구하는 것을 발견하고 이에 그들이 나아가서 왕의 금령에 관하여 왕께 아뢰되 왕이여 왕이 이미 금령에 왕의 도장을 찍어서 이제부터 삼십 일 동안에는 누구든지 왕 외의 어떤 신에게나 사람에게 구하면 사자 굴에 던져 넣기로 하지 아니하였나이까 하니 왕이 대답하여 이르되 이 일이 확실하니 메대와 바사의 고치지 못하는 규례니라 하는지라 그들이 왕 앞에서 말하여 이르되 왕이여 사로잡혀 온 유다 자손 중에 다니엘이 왕과 왕의 도장이 찍힌 금령을 존중하지 아니하고 하루 세 번씩 기도하나이다 하니 왕이 이 말을 듣고 그로 말미암아 심히 근심하여 다니엘을 구원하려고 마음을 쓰며 그를 건져내려고 힘을 다하다가 해가 질 때에 이르렀더라.”

다니엘을 시기하고 질투하는 사람들은 신이 나서 다니엘이 한 일을 왕에게 말했습니다. 그 말을 들은 왕은 심히 근심했습니다. 다니엘이 사자 굴에 던져지지 않도록 애를 썼습니다. 그런데 방법이 없습니다. 다니엘은 결국 사자 굴에 던져지게 됩니다. 15-16절을 보겠습니다.

“그 무리들이 또 모여 왕에게로 나아와서 왕께 말하되 왕이여 메대와 바사의 규례를 아시거니와 왕께서 세우신 금령과 법도는 고치지 못할 것이니이다 하니 이에 왕이 명령하매 다니엘을 끌어다가 사자 굴에 던져 넣는지라 왕이 다니엘에게 이르되 네가 항상 섬기는 너의 하나님이 너를 구원하시리라 하니라.”

왕이 다니엘을 사자 굴에 넣으면서 **“네가 섬기는 너의 하나님이 너를 구원하시리라”**고 했습니다. ‘너를 구원하시리라’ 는 말은 ‘너를 구원하실 것이다’ (우리말성경, KJV, NASB) 또는 ‘너를 구원하시기를 빈다’ (표준새번역, NIV)는 뜻입니다. 다니엘을 사자 굴에 던져 넣고는 아무도 꺼내주지 못하도록 돌로 문을 막고 왕과 귀족들의 도장으로 봉했습니다. 17-18절을 보겠습니다. **"이에 돌을 굴려다가 굴 어귀를 막으매 왕이 그의 도장과 귀족들의 도장으로 봉하였으니 이는 다니엘에 대한 조치를 고치지 못하게 하려 함이었더라 왕이 궁에 돌아가서는 밤이 새도록 금식하고 그 앞에 오락을 그치고 잠자기를 마다하니라."**

돌문은 이제 아무도 열 수 없습니다. 왕은 그 시간부터 먹지도 못하고 자지도 못합니다. 왕이 다니엘을 얼마나 사랑했는지를 알 수 있습니다. 이튿날, 왕은 해도 뜨기 전에 사자 굴로 달려갑니다. 사자 굴 앞에서 큰 소리로 다니엘을 불러봅니다. 19-20절을 보겠습니다. **"이튿날에 왕이 새벽에 일어나 급히 사자 굴로 가서 다니엘이 든 굴에 가까이 이르러서 슬피 소리 질러 다니엘에게 묻되 살아 계시는 하나님의 종 다니엘아 네가 항상 섬기는 네 하나님이 사자들에게서 능히 너를 구원하셨느냐 하니라."**

왕이 "슬피 소리 질렀다"고 했는데 왕은 다니엘이 죽었다고 생각했을 것입니다. 슬픈 목소리로 다니엘을 부른 뒤 혹시나 하는 마음으로 귀를 기울여 보는데 다니엘의 힘찬 목소리가 들려옵니다. 21-22절을 보겠습니다.

"다니엘이 왕에게 아뢰되 왕이여 원하건대 왕은 만수무강 하옵소서 나의 하나님이 이미 그의 천사를 보내어 사자들의 입을 봉하셨으므로 사자들이 나를 상해하지 못하였사오니 이는 나의 무죄함이 그 앞에 명백함이오며 또 왕이여 나는 왕에게도 해를 끼치지 아니하였나이다 하니라."

하나님께서 천사를 보내어 사자들의 입을 막으셔서 다니엘을 지켜 보호해 주셨습니다. 하나님께서 풀무불 속에서 다니엘의 세 친구를 보호해 주신 것처럼 다니엘도 보호해 주신 것입니다. 하나님은 정말 놀라운 분이

십니다.

다리오 왕은 다니엘이 살아있는 것을 알고는 심히 기뻐했습니다. 23절을 보겠습니다. **"왕이 심히 기뻐서 명하여 다니엘을 굴에서 올리라 하매 그들이 다니엘을 굴에서 올린즉 그의 몸이 조금도 상하지 아니하였으니 이는 그가 자기의 하나님을 믿음이었더라."** 아멘! 하나님께서 다니엘을 지켜주신 이유가 무엇이라고 했습니까? '이는 그가 자기의 하나님을 믿었기 때문' 이라고 했습니다. 다니엘의 세 친구가 가졌던 믿음을 다니엘도 똑같이 가지고 있었습니다. 다니엘서 3장 17절을 다시 한 번 보겠습니다. **"왕이여 우리가 섬기는 하나님이 계시다면 우리를 맹렬히 타는 풀무불 가운데에서 능히 건져내시겠고 왕의 손에서도 건져내시리이다."** 다니엘도 이런 믿음이 있었고 하나님은 그의 믿음을 선대해 주셨습니다.

다니엘이 사자 굴에서 나온 뒤에 왕은 다니엘을 죽이려고 했던 사람들과 그들의 처자식을 사자 굴에 집어넣습니다. 24절입니다. **"왕이 말하여 다니엘을 참소한 사람들을 끌어오게 하고 그들을 그들의 처자들과 함께 사자 굴에 던져 넣게 하였더니 그들이 굴 바닥에 닿기도 전에 사자들이 곧 그들을 움켜서 그 뼈까지도 부서뜨렸더라."**

다니엘을 죽이기 위해 악한 법을 만들어 왕으로 하여금 도장을 찍게 만든 사람들이 얼마나 괘씸했으면 왕이 그들뿐 아니라 그들의 처자식도 다 사자 밥이 되게 했겠습니까!

이 일이 있고 난 뒤에 다리오 왕은 조서를 내립니다. 25-27절을 보겠습니다.

"이에 다리오 왕이 온 땅에 있는 모든 백성과 나라들과 언어가 다른 모든 사람들에게 조서를 내려 이르되 원하건대 너희에게 큰 평강이 있을지어다 내가 이제 조서를 내리노라 내 나라 관할 아래에 있는 사람들은 다 다니엘의 하나님 앞에서 떨며 두려워할지니 그는 살아 계시는 하나님이시요 영원히 변하지 않으실 이시며 그의 나라는 멸망하지 아니할 것이요 그의 권세는 무궁할 것이며 그는 구원도 하시며 건져내기도 하시며 하늘에서든지 땅에서든지 이적과 기사를 행하시는 이로서 다니엘을 구원하여 사자의 입에서 벗어나게 하셨음이라 하였더라."

이 일로 인해서 하나님은 다시 한번 영광을 받으셨습니다. 다니엘의 세 친구가 불 가운데서 살아왔을 때도 느부갓네살이 비슷한 조서를 내린 적이 있습니다. 다니엘서 3장 28-29을 보겠습니다. **"느부갓네살이 말하여 이르되 사드락과 메삭과 아벳느고의 하나님을 찬송할지로다 그가 그의 천사를 보내사 자기를 의뢰하고 그들의 몸을 바쳐 왕의 명령을 거역하고 그 하나님 밖에는 다른 신을 섬기지 아니하며 그에게 절하지 아니한 종들을 구원하셨도다 그러므로 내가 이제 조서를 내리노니 각 백성과 각 나라와 각 언어를 말하는 자가 모두 사드락과 메삭과 아벳느고의 하나님께 경솔히 말하거든 그 몸을 쪼개고 그 집을 거름터로 삼을지니 이는 이같이 사람을 구원할 다른 신이 없음이니라 하더라."**

본문의 다니엘을 통해 여섯 가지 교훈을 배울 수 있습니다. 첫째는 다니엘처럼 실력 있는 사람이 되어야 합니다. 3절을 다시 한 번 보겠습니다. **"다니엘은 마음이 민첩하여 총리들과 고관들 위에 뛰어나므로 왕이 그를 세워 전국을 다스리게 하고자 한지라."** 마음이 민첩하고 다른 사람들보다 뛰어났다는 말은 실력이 있었다는 말입니다. 실력이 있었기에 다니엘은 왕의 사랑을 받을 수 있었고 높은 사람이 될 수 있었습니다. 우리도 이 세상에서 잘 되기 위해서는 실력이 있어야 합니다.

둘째는 다니엘처럼 성실하고 충성된 사람이 되어야 합니다. 4절은 이렇게 말씀합니다. **"이에 총리들과 고관들이 국사에 대하여 다니엘을 고발할 근거를 찾고자 하였으나 아무 근거, 아무 허물도 찾지 못하였으니 이는 그가 충성되어 아무 그릇됨도 없고 아무 허물도 없음이었더라."** 다니엘은 모든 면에서 거의 완벽했습니다. 흠잡을 데가 없었습니다. 실력은 있는데 정직하지 못하거나 성실하지 못해서 쓰임 받지 못하는 사람들이 얼마나 많습니까. 실력도 있어야 하지만 정직하고 성실해야 크게 쓰임 받을 수 있습니다.

셋째는 다니엘처럼 담대한 사람이 되어야 합니다. 다니엘은 사자 굴에 던져질 것을 알면서도 하나님께 기도했습니다. 담대하지 않으면 절대로 할 수 없는 일입니다. 우리도 이런 다니엘을 본 받을 수 있기를 바랍니다.

넷째는 다니엘처럼 기도하는 사람이 되어야 합니다. 다니엘은 전에 하던 대로 하루 세 번씩 무릎을 꿇고 기도했습니다. 기도는 다니엘의 습관이었고 삶이었습니다. 우리도 다니엘처럼 규칙적으로 기도하는 사람이 됩시다.

다섯째는 다니엘처럼 감사하는 사람이 되어야 합니다. 10절 끝부분에 **"그의 하나님께 감사하였더라"**고 했습니다. 다니엘의 기도는 감사가 주 내용이었습니다. 우리는 주로 어떤 기도를 합니까? 무엇을 달라는 것 아닙니까? 달라는 기도도 물론 할 수 있습니다. 그러나 주신 것에 먼저 감사할 줄 알아야 합니다.

여섯째는 다니엘처럼 하나님을 신뢰하는 사람이 되어야 합니다. 23b절을 다시 한 번 보겠습니다. **"이는 그가 자기의 하나님을 믿음이었더라."** 하나님께서 다니엘을 지켜주시고 보호해 주신 이유는 그가 하나님을 신뢰했기 때문입니다. 하나님을 신뢰하는 사람을 하나님은 배반하지 않습니다. 반드시 그 믿음대로 되게 해주십니다. 잠언 3장 5-6절은 이렇게 말씀합니다. **"너는 마음을 다하여 여호와를 신뢰하고 네 명철을 의지하지 말라 너는 범사에 그를 인정하라 그리하면 네 길을 지도하시리라."** 아멘. 하나님을 신뢰하고 따라가면 하나님께서 우리의 길을 인도해 주십니다. 범사에 하나님을 신뢰하고 따라가는 우리가 됩시다.

하나님에 대해서도 두 가지를 배울 수 있습니다. 첫째는 하나님은 하나님의 사람들을 지켜주시고 보호해 주시는 분입니다. 다니엘을 보호해 주신 하나님은 오늘날 우리도 보호해 주십니다. 시편 121편 5-7절은 이렇게 말씀합니다. **"여호와는 너를 지키시는 이시라 여호와께서 네 오른쪽에서 네 그늘이 되시나니 낮의 해가 너를 상하게 하지 아니하며 밤의 달도 너를 해치지 아니하리로다 여호와께서 너를 지켜 모든 환난을 면하게 하시며 또 네 영혼을 지키시리로다."** 하나님은 하나님을 신뢰하는 사람들의 믿음을 저버리는 분이 아닙니다.

둘째는 하나님은 하나님의 사람들이 믿음으로 살 때 영광 받으시는 분입니다. 다니엘이 믿음으로 사니까 다리오 왕이 하나님을 찬양했고(26-27절), 하나님은 다리오 왕의 입을 통해 영광 받으셨습니다. 우리가 믿음으로 살 때 하나님은 우리를 통해 영광 받으십니다. 다니엘과 같은 사람이 되어서 하나님께 영광 돌리는 우리가 됩시다.

8. 한 눈에 보는 미래의 일들
(단 7장)

본문은 다니엘이 본 환상에 대한 말씀입니다. 다니엘은 이 환상을 '바벨론의 벨사살 왕 원년에' 보았습니다(1절). 벨사살은 바벨론의 마지막 왕으로 메대 사람 다리오에 의해 죽임을 당했습니다. 다니엘서 5장 30-31절에 그렇게 기록되어 있습니다. 그러므로 본문(단 7장)의 내용은 다니엘서 5장에 기록된 내용보다 먼저 일어난 일입니다.

다니엘이 환상 중에 본 것은 네 짐승이었습니다. 첫 번째 짐승은 사자 같이 생겼는데 독수리의 날개가 있습니다(4절). 두 번째 짐승은 곰같이 생겼고 갈빗대 세 개를 물고 있습니다(5절). 세 번째 짐승은 표범같이 생겼는데 등에 새의 날개 넷이 있고 머리도 넷입니다(6절). 네 번째 짐승은 무섭고 놀라우며 매우 강하고 뿔이 열 개입니다(7절). 이 네 짐승이 상징하는 것이 무엇일까요? 17절에 그 답이 나와 있습니다. **"그 네 큰 짐승은 세상에 일어날 네 왕이라."** '왕' 은 왕국을 뜻합니다.

세상에 일어날 왕국들에 대해서는 다니엘서 2장에도 기록되어 있습니다. 다니엘서 2장을 보면 느부갓네살 왕이 꿈을 꾸었는데 꿈에서 큰 신상을 보았습니다. 그런데 신상의 재료가 신체 부위별로 다 달랐습니다. 머리는 금, 가슴과 두 팔은 은, 배와 넓적다리는 놋, 종아리는 쇠, 발과 발가락은 쇠와 진흙으로 되어 있었습니다. 다양한 재료로 만들어진 신체 부위는 차례로 일어날 왕국들을 상징하는 것이었습니다. 금으로 된 머리는 바벨론, 은으로 된 가슴과 두 팔은 메대와 바사, 놋으로 된 배와 넓적다리는 그리스, 그리고 쇠로 된 종아리 아래 부분은 로마 제국을 상징하는 것이었습니다.

그런데 이 신상이 어떻게 됩니까? 손대지 아니한 돌이 날아와서 쇠와 진흙으로 된 발과 발가락을 쳐서 부서뜨립니다. 신상은 산산조각 나서 타작마당의 겨같이 바람에 불려 흔적도 없이 사라지고, 신상을 친 돌은 태산을 이루어 온 세계에 가득했습니다. 이것은 예수님께서 재림하셔서 세상 나라들을 심판하시고 하나님의 나라를 이 땅에 세우는 것을 상징합니다. 예수님이 아직 재림을 안 하셨고, 하나님의 나라도 아직 세워지지 아니한 것을 고려하면 쇠와 진흙으로 된 발과 발가락 부분은 과거의 로마 제국이 아닌, 로마의 판도 위에 새롭게 세워질 신흥로마제국인 것을 알 수 있습니다.

다니엘서 7장에 나오는 네 짐승도 다니엘서 2장에서 말씀하신 그 나라들을 상징하는 것입니다. 사자처럼 생긴 첫 번째 짐승은 바벨론 제국, 곰처럼 생긴 두 번째 짐승은 메대와 바사 제국, 표범처럼 생긴 세 번째 짐승은 그리스 제국, 뿔이 열 개인 무섭고 놀라운 네 번째 짐승은 로마 제국을 상징합니다. 그리고 네 나라가 지나가면 하나님의 나라가 임합니다. 17-18절을 보겠습니다. **"그 네 큰 짐승은 세상에 일어날 네 왕이라 지극히 높으신 이의 성도들이 나라를 얻으리니 그 누림이 영원하고 영원하고 영원하리라."**

하나님의 나라는 예수님께서 재림하심으로 시작됩니다. 재림하실 예수님에 대해서는 13-14절에 기록되어 있습니다. **"내가 또 밤 환상 중에 보니 인자 같은 이가 하늘 구름을 타고 와서 옛적부터 항상 계신 이에게 나아가 그 앞으로 인도되매 그에게 권세와 영광과 나라를 주고 모든 백성과 나라들과 다른 언어를 말하는 모든 자들이 그를 섬기게 하였으니 그의 권세는 소멸되지 아니하는 영원한 권세요 그의 나라는 멸망하지 아니할 것이니라."**

'인자(人子)'는 '사람의 아들'이라는 말인데 예수님께서 자신을 칭할 때 주로 사용하셨던 표현입니다. 예수님은 '인자'라는 표현을 다니엘서 7장 13절에서 가져와 쓰신 것입니다. 인자는 결국 메시야의 의미를 가진 단어라 할 수 있습니다.

그렇다면 다니엘서 7장은 왜 메시야의 개념으로 인자라는 말을 사용했을까요? 그 이유는 '인자'가 '짐승'과 대비되는 표현이기 때문입니다. 인간 세상과 인간 세상의 통치자들이 '짐승'이라면 예수님은 '사람'인 것이지요. 인간 세상과 인간 세상의 통치자들을 보면 짐승 같다는 생각이 들지 않습니까? 서로 싸우고 죽이는 것을 보면 그런 생각이 듭니다. 시편 49편 12절은 사람을 '멸망하는 짐승' 같다고 했습니다. 그런 인간들에 비하면 메시야는 '사람' 입니다. '인자 같은 이가 하늘 구름을 타고' 오신다는 표현은 예수님께서 다시 오실 때 구름을 타고 오실 것을 미리 보여준 것입니다(마 24:30, 계 1:7).

본문은 네 짐승 중에서 특별히 네 번째 짐승에 초점을 맞추고 있습니다. 19-22절을 보겠습니다.

"이에 내가 넷째 짐승에 관하여 확실히 알고자 하였으니 곧 그것은 모든 짐승과 달라서 심히 무섭더라 그 이는 쇠요 그 발톱은 놋이니 먹고 부서뜨리고 나머지는 발로 밟았으며 또 그것의 머리에는 열 뿔이 있고 그 외에 또 다른 뿔이 나오매 세 뿔이 그 앞에서 빠졌으며 그 뿔에는 눈도 있고 큰 말을 하는 입도 있고 그 모양이 그의 동류보다 커 보이더라 내가 본즉 이 뿔이 성도들과 더불어 싸워 그들에게 이겼더니 옛적부터 항상 계신 이가 와서 지극히 높으신 이의 성도들을 위하여 원한을 풀어 주셨고 때가 이르매 성도들이 나라를 얻었더라."

네 번째 짐승에게 열 뿔이 있는데 다른 뿔 하나가 나와서 세 뿔을 뽑아버렸다고 했습니다. 세 뿔을 뽑아버린 뿔에는 눈도 있고 입도 있어 '큰 말' 을 한다고 했습니다. 이 뿔이 성도들과 싸워 이겼다고도 했습니다. 네 번째 짐승은 로마 제국을 상징한다고 이미 말씀드렸는데 열 개의 뿔과 또 다른 한 뿔은 무엇을 상징하는 것일까요? 24-25절에 그 답이 나와 있습니다.

"그 열 뿔은 그 나라에서 일어날 열 왕이요 그 후에 또 하나가 일어나리니 그는 먼저 있던 자들과 다르고 또 세 왕을 복종시킬 것이며 그가 장차 지극히 높으신 이를 말로 대적하며 또 지극히 높으신 이의 성도를 괴롭게 할

것이며 그가 또 때와 법을 고치고자 할 것이며 성도들은 그의 손에 붙인 바 되어 한 때와 두 때와 반 때를 지내리라."

열 뿔은 그 나라에서 일어날 열 왕을 상징하고 또 다른 한 뿔은 다른 한 왕을 상징하는 것입니다. 다른 한 뿔로 상징되는 왕이 세 왕을 굴복시킬 것이고 지극히 높으신 하나님을 말로 대적할 것이며 성도들을 괴롭게 할 것이라고 했습니다. 이 왕은 7년 대환난 기간 중에 나타날 적그리스도입니다.

적그리스도에 대해서는 데살로니가후서 2장과 요한계시록 13장에도 기록되어 있는데 데살로니가후서 2장 3-4절에는 이렇게 기록되어 있습니다. **"누가 어떻게 하여도 너희가 미혹되지 말라 먼저 배교하는 일이 있고 저 불법의 사람 곧 멸망의 아들이 나타나기 전에는 그 날이 이르지 아니하리니 그는 대적하는 자라 신이라고 불리는 모든 것과 숭배함을 받는 것에 대항하여 그 위에 자기를 높이고 하나님의 성전에 앉아 자기를 하나님이라고 내세우느니라."**

'불법의 아들' 과 '멸망의 아들' 로 표현된 사람이 적그리스도입니다. 이 사람이 하나님의 성전에 앉아 자기를 하나님이라고 내세운다고 했습니다.

요한계시록 13장 4-8절에는 이렇게 기록되어 있습니다.

"용이 짐승에게 권세를 주므로 용에게 경배하며 짐승에게 경배하여 이르되 누가 이 짐승과 같으냐 누가 능히 이와 더불어 싸우리요 하더라 또 짐승이 과장되고 신성 모독을 말하는 입을 받고 또 마흔두 달 동안 일할 권세를 받으니라 짐승이 입을 벌려 하나님을 향하여 비방하되 그의 이름과 그의 장

막 곧 하늘에 사는 자들을 비방하더라 또 권세를 받아 성도들과 싸워 이기게 되고 각 족속과 백성과 방언과 나라를 다스리는 권세를 받으니 죽임을 당한 어린 양의 생명책에 창세 이후로 이름이 기록되지 못하고 이 땅에 사는 자들은 다 그 짐승에게 경배하리라."

'용' 은 사탄을 의미하고(계 20:2) '짐승' 은 적그리스도를 의미합니다. 짐승 즉 적그리스도가 하나님을 대적하고 성도들을 괴롭게 한다고 했습니다. '마흔두 달 동안' 괴롭게 한다고 했는데 마흔두 달은 3년 반입니다.

본문 25절에서는 적그리스도가 '한 때와 두 때와 반 때' 동안 그렇게 한다고 했습니다. '한 때' 는 1년이고, '한 때와 두 때와 반 때' 는 3년 반입니다. 이 3년 반은 7년 대환난의 후반 3년 반입니다. 다니엘서 9장 27절을 보면 그것을 알 수 있습니다. **"그가 장차 많은 사람들과 더불어 한 이레 동안의 언약을 굳게 맺고 그가 그 이레의 절반에 제사와 예물을 금지할 것이며 또 포악하여 가증한 것이 날개를 의지하여 설 것이며 또 이미 정한 종말까지 진노가 황폐하게 하는 자에게 쏟아지리라 하였느니라 하니라."**

'그' 는 적그리스도이고 '한 이레' 는 7년을 말합니다. 7년 대환난 기간 중간에 적그리스도는 자신의 본색을 드러내며 후반 3년 반 동안 하나님을 대적하고 하나님의 사람들을 핍박하게 됩니다. '적그리스도' 라는 표현은 요한일서 2장 18절에 나옵니다. **"아이들아 지금은 마지막 때라 적그리스도가 오리라는 말을 너희가 들은 것과 같이 지금도 많은 적그리스도가 일어났으니 그러므로 우리가 마지막 때인 줄 아노라."**

적그리스도는 7년 대환난 기간 중에 사탄에 의해 쓰임 받는 사람입니다. 이 사람이 하나님을 대적하고 하나님의 사람들을 괴롭게 할 것입니다. 하나님의 사람들은 이스라엘 사람들과 7년 대환난 기간 중에 구원받을 이방사람들을 말합니다. 적그리스도는 언제부터 활동을 시작하는가 하면 7년 대환난이 시작될 때부터입니다.

7년 대환난 직전에 예수님께서 공중으로 재림하시고, 예수님이 공중으로 재림하실 때 구원받은 성도들이 공중으로 들림 받는 휴거가 일어나는데, 휴거가 일어나면 세상이 얼마나 혼란스럽겠습니까. 그때 한 사람이 나타나서 메시야 행세를 하면서 세상의 지도자가 되는데 그 사람이 적그리스도입니다. 처음 3년 반 동안은 좋은 지도자인 것처럼 행동하다가 중간 시점부터 본색을 드러내어 예루살렘에 있는 성전에 앉아 자기가 하나님인 것처럼 행동합니다. 성전에 자기의 우상을 세워놓고 그 우상에게 절하지 않는 사람을 다 죽입니다(계 13:15). 성전에 서게 될 적그리스도의 우상을 다니엘서 9장 27절에서는 '가증한 것' 이라 했고 마태복음 24장 14절에서는 '멸망의 가증한 것' 이라 했습니다. 그것이 설 곳은 '거룩한 곳' (마 24:15) 곧 성전입니다.

적그리스도는 어느 나라에서 나오게 될까요? 네 번째 짐승에게 열 뿔이 있었고, 그 열 뿔 가운데서 다른 한 뿔이 나왔는데 그 뿔이 적그리스도라고 했습니다. 그렇다면 적그리스도는 로마 제국에서 나옵니다. 그런데 로마 제국은 이미 망했고, 로마 제국에는 열 왕이 동시에 있었던 적도 없습니다. 그렇다면 네 번째 짐승의 열 뿔은 과거 로마 제국의 판도 위에 세워질 신흥로마제국임에 틀림없습니다. 느부갓네살 왕이 꿈에서 본 신상의 발과 발가락 부분이 신흥로마제국을 상징하는 것처럼 네 번째 짐승의 열 뿔이 신흥로마제국을 상징합니다. 그러므로 적그리스도는 신흥로마제국에서 나옵니다.

적그리스도의 나라는 그렇게 오래 가지 못합니다. 7년 대환난이 끝나면 예수님께서 지상으로 재림하시고, 예수님이 지상으로 재림하시면 적그리스도를 멸하시고 하나님의 나라를 이 땅 위에 세우십니다. 26-27절을 보겠습니다. **"그러나 심판이 시작되면 그는 권세를 빼앗기고 완전히 멸망할 것이요 나라와 권세와 온 천하 나라들의 위세가 지극히 높으신 이의 거룩한 백성에게 붙인 바 되리니 그의 나라는 영원한 나라이라 모든 권세 있는 자들이 다 그를 섬기며 복종하리라."**

적그리스도가 심판을 받으면 하나님의 나라가 이 땅 위에 세워집니다. 적그리스도의 최후에 대해서는 요한계시록 19장 19-21절에 기록되어 있습니다.

"또 내가 보매 그 짐승과 땅의 임금들과 그들의 군대들이 모여 그 말 탄 자와 그의 군대와 더불어 전쟁을 일으키다가 짐승이 잡히고 그 앞에서 표적을 행하던 거짓 선지자도 함께 잡혔으니 이는 짐승의 표를 받고 그의 우상에게 경배하던 자들을 표적으로 미혹하던 자라 이 둘이 산 채로 유황불 붙는 못에 던져지고 그 나머지는 말 탄 자의 입으로부터 나오는 검에 죽으매 모든 새가 그들의 살로 배불리더라."

'짐승'으로 표현된 적그리스도가 지상으로 재림하시는 예수님을 대적해서 전쟁을 벌이지만 예수님을 이길 수는 없습니다. 적그리스도를 추종하는 사람들은 다 죽임을 당하고 적그리스도와 적그리스도의 파트너인 거짓 선지자는 산 채로 유황불 붙는 못에 던져집니다. 이것이 적그리스도의 최후입니다.

사람들 중에는 죽음을 거치지 않고 산 채로 하늘로 들림 받은 사람들이 있습니다. 에녹과 엘리야가 그런 분들입니다. 하나님께서 그분들을 최대한 예우하셔서 그렇게 해주신 것입니다. 산 채로 지옥 불에 던져졌다는 것은 그 반대 개념으로 이해하시면 됩니다.

적그리스도와 그의 나라가 멸한 뒤에 있게 될 일은 하나님의 나라가 이 땅 위에 세워지는 것입니다. 그 나라를 우리는 '천년왕국' 이라고 하는데 천년왕국에 대해서는 요한계시록 20장 4-6절에 기록되어 있습니다.

신흥로마제국은 언제쯤 일어나게 될까요? 저는 EU(유럽연합)가 신흥로마제국이 아닐까 생각합니다. 신흥로마제국에는 왕이 열 명 있다고 했는데 EU에는 현재 28개국이 속해 있습니다. '열(10)' 이라는 숫자가 정확하게 '열' 을 말하는지, 아니면 '많다' 는 뜻으로 쓰인 말인지 알 수 없지만, 정확하게 '열' 을 말하는 것이라면 EU에 속한 나라의 수는 결국 열 나라가 될 것입니다.

EU가 신흥로마제국이라면 예수님께서 다시 오실 날은 대단히 임박했습니다. 예수님께서 다시 오실 때는 공중으로 먼저 오시고, 공중으로 오실 때 성도들은 공중으로 들림 받습니다. 그때부터 이 땅에서는 7년 대환난이 시작됩니다.

예수님께서 다시 오실 때 당신은 공중으로 들림 받을 확신이 있습니까?

예수님께서 다시 오실 그날을 사모하면서 예배와 전도에 더 힘쓰는 우리가 됩시다.

9. 끝날에 관한 환상
(단 8장)

본문은 벨사살 왕 3년에 다니엘이 본 환상에 관한 것입니다(1절). 벨사살은 바벨론의 마지막 왕입니다. 2절 말씀은 다니엘이 '엘람 지방 수산 성' 에서 환상을 보았다는 것인지, 환상 속의 자신이 '엘람 지방 수산 성' 에 있었다는 것인지 불분명한데, 표준새번역은 2절을 이렇게 번역하고 있습니다. "환상 속에서 보니, 나는 엘람 지방 수산 성 을래 강 가에 서 있었다."

환상 속에서 다니엘은 '두 뿔 가진 숫양' 을 보았습니다(3절). 두 뿔의 길이가 달랐는데 나중에 나온 것이 더 길었습니다. 이 숫양은 굉장히 강합니다(4절). 그런데 이 숫양은 결국 숫염소에게 밀리게 됩니다. 5-7절을 보겠습니다.

“내가 생각할 때에 한 숫염소가 서쪽에서부터 와서 온 지면에 두루 다니되 땅에 닿지 아니하며 그 염소의 두 눈 사이에는 현저한 뿔이 있더라 그것이 두 뿔 가진 숫양 곧 내가 본 바 강 가에 섰던 양에게로 나아가되 분노한 힘으로 그것에게로 달려가더니 내가 본즉 그것이 숫양에게로 가까이 나아가서는 더욱 성내어 그 숫양을 쳐서 그 두 뿔을 꺾으나 숫양에게는 그것을 대적할 힘이 없으므로 그것이 숫양을 땅에 엎드러뜨리고 짓밟았으나 숫양을 그 손에서 벗어나게 할 자가 없었더라 숫염소가 스스로 심히 강대하여 가더니 강성할 때에 그 큰 뿔이 꺾이고 그 대신에 현저한 뿔 넷이 하늘 사방을 향하여 났더라.”

숫염소는 굉장히 빨랐습니다. ‘온 지면에 두루 다니되 발이 땅에 닿지 않았다’ 는 것은 그가 대단히 빨랐던 것을 말해 줍니다. 두 눈 사이에는 현저한 뿔, 즉 눈에 띄는 뿔이 있었고, 숫염소는 두 뿔 가진 숫양을 제압하고 짓밟았습니다. 그러다가 결국 어떻게 되었습니까? 숫염소의 큰 뿔이 꺾이고 그 자리에 현저한 뿔 넷이 났습니다.

다니엘이 환상 중에 본 숫양과 숫염소는 무엇을 상징하는 것일까요? 20-22절에 그 답이 나와 있습니다.

“네가 본 바 두 뿔 가진 숫양은 곧 메대와 바사 왕들이요 털이 많은 숫염소는 곧 헬라 왕이요 그의 두 눈 사이에 있는 큰 뿔은 곧 그 첫째 왕이요 이 뿔이 꺾이고 그 대신에 네 뿔이 났은즉 그 나라 가운데에서 네 나라가 일어나되 그의 권세만 못하리라.”

두 뿔을 가진 숫양은 ‘메대와 바사(페르시아)’ 를 상징합니다. 숫양의 두 뿔 길이가 달랐고 늦게 나온 뿔이 더 길었다고 한 것은 바사가 메대보다 늦게 일어났지만 더 강했던 것을 말해줍니다. 메대는 결국 바사에 합병되었습니다. 메대와 바사가 힘을 합해 바벨론을 무너뜨렸을 때 메대의 왕은 다리오였고 바사의 왕은 고레스였습니다(단 6:28).

털이 많은 숫염소는 '헬라(그리스)' 를 상징하고, 눈 사이의 큰 뿔은 그 나라의 첫째 왕을 상징합니다. 그 나라의 첫째 왕은 너무나도 유명한 알렉산더 대왕입니다. 뿔이 꺾였다는 것은 알렉산더 대왕이 젊은 나이에 죽을 것을 보여줍니다. 알렉산더는 20대의 젊은 나이에 세계를 정복해 나가기 시작해서 32세에 죽고 말았습니다. 그때가 기원전 323년입니다. 짧은 기간에 엄청난 제국을 형성했으니 얼마나 빠르게 움직인 것입니까! 그래서 숫염소의 발이 땅에 닿지 않았다고 한 것입니다. 다니엘서 7장에서는 그리스가 표범과 같은 짐승으로 묘사되었는데 표범이 빠르기 때문에 표범으로 묘사된 것입니다.

알렉산더가 죽고 난 뒤에 알렉산더의 네 장군이 제국을 나눠 갖고 각 나라의 왕이 됩니다. 큰 뿔이 꺾이고 그 자리에서 네 뿔이 나왔다고 한 것이 그것을 말해줍니다. 그러나 그 권세는 첫 번째 것만 못하다고 했습니다. 알렉산더의 그리스 제국을 나눠가진 네 장군의 이름은 톨레미(Ptolemy), 카산더(Cassander), 리시마쿠스(Lysimachus), 셀루쿠스(Seleucus)입니다.

알렉산더가 태어나기 200년 전에 알렉산더에 대한 예언이 성경에 기록되어 있는 것이 놀랍지 않습니까? 본문을 잘 보면 알렉산더뿐 아니라 또 다른 한 인물에 대해서도 기록을 하고 있습니다. 9절을 보겠습니다. **"그 중 한 뿔에서 또 작은 뿔 하나가 나서 남쪽과 동쪽과 또 영화로운 땅을 향하**

여 심히 커지더니."

숫염소의 네 뿔 중 한 뿔에서 작은 뿔 하나가 나타나서 영화로운 땅을 향해 심히 커진다고 했는데, 이는 알렉산더의 제국을 나눠가진 한 왕의 후손 중에서 또 다른 한 왕이 나와서 영화로운 땅, 즉 예루살렘을 향해 세력을 확장해 나갈 것을 말합니다. 10-12절을 계속 보겠습니다.

"그것이 하늘 군대에 미칠 만큼 커져서 그 군대와 별들 중의 몇을 땅에 떨어뜨리고 그것들을 짓밟고 또 스스로 높아져서 군대의 주재를 대적하며 그에게 매일 드리는 제사를 없애 버렸고 그의 성소를 헐었으며 그의 악으로 말미암아 백성이 매일 드리는 제사가 넘긴 바 되었고 그것이 또 진리를 땅에 던지며 자의로 행하여 형통하였더라."

이 말씀은 누구에 대한 말씀 같습니까? 언뜻 보면 적그리스도에 대한 말씀 같습니다. 다니엘서 7장에서 네 번째 짐승은 열 뿔이 있고 열 뿔 사이에서 작은 뿔 하나가 나와 세 뿔을 뽑아버리고, 그 작은 뿔에는 눈도 있고 입도 있어 입으로는 큰 말을 한다고 했는데 그 작은 뿔이 적그리스도입니다. 네 번째 짐승은 로마 제국을 상징하는 것이므로 적그리스도는 신흥 로마제국에서 나오는 것을 알 수 있습니다.

다니엘서 8장에서는 작은 뿔이 그리스 제국에서 나옵니다. 그러므로 이 뿔은 적그리스도가 아닙니다. 이 뿔은 적그리스도의 모형이 되는 사람입니다. 그가 누구인가 하면 안티오쿠스 에피파네스(Antiochus IV Epiphanes)라는 사람입니다. 이 사람은 셀루쿠스 왕조 사람으로 시리아 지역을 통치했던 왕입니다. 이 사람이 어떤 일을 했는가 하면 예루살렘을 짓밟고 성전을 더럽혔습니다. 자기가 하나님인 것처럼 행동하면서 사람들로 하여금 자기를 숭배하게 했습니다. 그것이 9-12절에 기록되어 있는 내용입니다.

10절의 '하늘 군대' 는 하나님의 백성들 즉 이스라엘 사람들을 뜻합니다. **"그 군대와 별들 중의 몇을 땅에 떨어뜨렸다"**는 것은 이스라엘의 지도자들과 백성들을 죽였다는 말입니다. 11절의 '군대의 주재' 는 하나님을 가리킵니다. **"매일 드리는 제사를 없애버렸고 그의 성소를 헐었다"**고도 했습니다. 그러니 이 사람이 하나님과 하나님의 백성에 대해 얼마나 큰 악을 행한 것입니까!

이 사람이 언제까지 성소를 더럽히고 하나님을 대적하는가 하면 2300일 동안 한다고 했습니다. 13-14절을 보겠습니다.

"내가 들은즉 한 거룩한 이가 말하더니 다른 거룩한 이가 그 말하는 이에게 묻되 환상에 나타난 바 매일 드리는 제사와 망하게 하는 죄악에 대한 일과 성소와 백성이 내준 바 되며 짓밟힐 일이 어느 때까지 이를꼬 하매 그가 내게 이르되 이천삼백 주야까지니 그 때에 성소가 정결하게 되리라 하였느니라."

2300주야는 2300일을 말합니다. 2300일은 6년 조금 더 되는 기간입니다. 2300일 동안 성소를 더럽히다가 2300일이 지나면 성소가 정결하게 된다고 했습니다. 어떻게 정결하게 될까요? 유다 마카비(Judas Maccabee)라는 이스라엘 사람이 의병을 일으켜 안티오쿠스와 그의 군대를 쫓아내고 성전을 정결케 하여 하나님께 봉헌함으로 정결케 됩니다. 그 날을 기념하는 절기가 수전절(修殿節)입니다. 요한복음 10장 22절에 '수전절' 이라는 단어가 나옵니다. 공동번역 성경에서는 '봉헌절 축제' 라고 번역해 놓았습니다. 영어로는 'Feast of Dedication' 이라고 하는데 feast는 축제, dedication은 봉헌이라는 뜻입니다. 히브리어로는 '하누카(Hanukka)' 라고 하는데 하누카는 봉헌이라는 뜻입니다. 유대인들은 오늘날에도 하누카를 지킵니다. 그 시기가 크리스마스 즈음인데 예수님을 안 믿는 유대인들은 크리스마스 대신 하누카 절기를 지킵니다.

안티오쿠스 에피파네스가 적그리스도의 모형이라는 것은 본문이 바벨론 제국 다음에 일어날 나라들에 대한 말씀이기도 하지만, 세상 끝날에 있을 일들에 대한 말씀이기도 하기 때문입니다. 15-17절을 보겠습니다.

"나 다니엘이 이 환상을 보고 그 뜻을 알고자 할 때에 사람 모양 같은 것이 내 앞에 섰고 내가 들은즉 을래 강 두 언덕 사이에서 사람의 목소리가 있어 외쳐 이르되 가브리엘아 이 환상을 이 사람에게 깨닫게 하라 하더니 그가 내가 선 곳으로 나왔는데 그가 나올 때에 내가 두려워서 얼굴을 땅에 대고 엎드리매 그가 내게 이르되 인자야 깨달아 알라 이 환상은 정한 때 끝에 관한 것이니라."

'정한 때 끝'은 '세상 끝날'을 말합니다. 19절에도 같은 표현이 있습니다. **"이르되 진노하시는 때가 마친 후에 될 일을 내가 네게 알게 하리니 이 환상은 정한 때 끝에 관한 것임이라."**

우리말성경은 19절을 이렇게 번역했습니다. "그가 말했습니다. '정해진 세상 끝 날이 올 때 하나님의 분노하심으로 어떤 일이 일어날지 내가 알려 주겠다.'"

다니엘서 8장에서 다니엘이 본 환상은 '세상 끝날'에 관한 것인데, 세상 끝날에 있을 일 중의 하나가 적그리스도의 출현입니다. 본문은 안티오쿠스 에피파네스라는 사람을 통하여 세상 끝날에 나타날 적그리스도가 하게 될 일을 미리 보여준 것입니다.

23-25절을 계속 보겠습니다.

"이 네 나라 마지막 때에 반역자들이 가득할 즈음에 한 왕이 일어나리니 그 얼굴은 뻔뻔하며 속임수에 능하며 그 권세가 강할 것이나 자기의 힘으로 말미암은 것이 아니며 그가 장차 놀랍게 파괴 행위를 하고 자의로 행하여 형통하며 강한 자들과 거룩한 백성을 멸하리라 그가 꾀를 베풀어 제 손으로 속임수를 행하고 마음에 스스로 큰 체하며 또 평화로운 때에 많은 무리를 멸하며 또 스스로 서서 만왕의 왕을 대적할 것이나 그가 사람의 손으로 말미암지 아니하고 깨지리라."

23절의 '한 왕'은 가깝게는 안티오쿠스 에피파네스, 멀게는 적그리스도를 말합니다. 이런 식의 예언을 이중예언이라고 합니다. 그는 뻔뻔하며 속임수에 능하다고 했습니다. 그 권세가 강할 것이나 자기의 힘으로 말미암는 것이 아니라고 했습니다. 안티오쿠스 에피파네스도 그렇고 적그리스도도 그렇고, 그들의 힘은 사탄으로부터 오는 것입니다. '거룩한 백성을 멸할 것'이라고 했는데 이는 이스라엘 사람들을 죽일 것이라는 말입니다. '만왕의 왕을 대적할 것'이라고 했는데 만왕의 왕은 하나님, 예수 그리스도입니다. 그는 '사람의 손으로 말미암지 않고 깨어질 것'이라고 했는데, 이는 적그리스도가 예수 그리스도에 의해 유황불 붙는 못에 던져지고(계 19:20), 안티오쿠스 에피파네스는 병이나 사고로 죽을 것이라는 말씀입니다. 그가 그렇게 죽는 것은 하나님께서 그를 치시기 때문입니다.

적그리스도에 대해서는 다니엘서 7장에도 나오고 9장과 11장에도 나옵니다. 데살로니가후서 2장과 요한계시록 13장에도 나옵니다. 다니엘과 사도 바울과 요한이 의논하고 적그리스도에 대해 기록한 것이 아닙니다. 성령의 감동으로 기록하다 보니 세 사람이 적그리스도에 대해 일관성 있게 기록한 것입니다. 이런 것을 생각하면 성경이 얼마나 놀라운 책인지 모릅니다. 성경은 하나님의 영감으로 기록된 하나님의 말씀이 틀림없습니다.

26절을 계속 보겠습니다. **"이미 말한 바 주야에 대한 환상은 확실하니 너는 그 환상을 간직하라 이는 여러 날 후의 일임이라 하더라."**

'주야에 대한 환상' 은 14절에서 말한 2300주야에 대한 환상을 말합니다. 2300주야는 안티오쿠스 에피파네스가 성전을 더럽힌 날 수입니다. 이 환상은 '여러 날 후의 일' 이라고 했는데 환상으로 보여주신 이 예언은 380년쯤 후에 이루어졌습니다. 적그리스도에 대한 예언도 언젠가는 반드시 이루어질 것입니다.

마지막 구절인 27절을 보겠습니다. **"이에 나 다니엘이 지쳐서 여러 날 앓다가 일어나서 왕의 일을 보았느니라 내가 그 환상으로 말미암아 놀랐고 그 뜻을 깨닫는 사람도 없었느니라."**

다니엘이 환상으로 본 내용은 다니엘에게 큰 충격이었습니다. 성전이 더렵혀지고 자기 동족인 이스라엘 사람들이 핍박받고 죽임당할 것을 생각하니 마음이 너무 아팠습니다. 그래서 여러 날 앓았다고 했습니다. 이런 것을 보면 다니엘이 얼마나 성전을 사랑하고 자기 동족을 사랑한 사람인지 알 수 있습니다. 사도 바울도 자기 동족을 끔찍이 사랑했던 사람입니다(롬 9:1-3).

세상 되어가는 것을 볼 때 적그리스도가 나타날 날이 머지않았습니다. 구원받지 못한 가족, 친척, 친구들에게 복음을 전하면서 더 열심히 신앙생활하는 우리가 됩시다.

10. 나라와 민족을 위한 기도

(단 9:1-19)

다니엘은 기도의 사람이었습니다. 느부갓네살 왕이 자신을 포함한 모든 지혜자들을 죽이려고 했을 때 다니엘은 친구들과 함께 기도했습니다(단 2:17-18). 다리오 왕이 다른 신에게 무엇을 구하거나 기도하는 사람은 사자 굴에 넣겠다고 한 것을 알면서도 다니엘은 늘 하던 대로 창문을 열고 하루 세 번씩 무릎을 꿇고 하나님께 기도했습니다(단 6:10). 이런 다니엘을 보면 다니엘은 기도생활을 정말 잘한 사람입니다.

본문은 다니엘이 자기 나라와 민족을 위해 기도한 내용입니다. 기도를 하게 된 배경과 기도의 내용을 살펴보면서 우리에게 주시는 교훈을 생각해보겠습니다.

1-2절을 보겠습니다. **"메대 족속 아하수에로의 아들 다리오가 갈대아 나라 왕으로 세움을 받던 첫 해 곧 그 통치 원년에 나 다니엘이 책을 통해 여호와께서 말씀으로 선지자 예레미야에게 알려 주신 그 연수를 깨달았나니 곧 예루살렘의 황폐함이 칠십 년만에 그치리라 하신 것이니라."**

'메대 족속 아하수에로의 아들 다리오'는 바벨론을 무너뜨린 '메대 사람 다리오'입니다(단 5:30-31). 다리오의 아버지는 아하수에로였는데 에스더서에 나오는 아하수에로와는 다른 사람입니다. 다리오가 '갈대아 나라' 즉 바벨론의 새로운 왕이 된 그 해에 다니엘이 예레미야의 글을 읽다가 예루살렘의 황폐함이 70년 만에 그칠 것이라는 말씀을 발견하게 됩니다. 예레미야 25장 11절과 29장 10절에 그 말씀이 기록되어 있습니다. **"이 모든 땅이 폐허가 되어 놀랄 일이 될 것이며 이 민족들은 칠십 년 동안 바벨론의 왕을 섬기리라." "여호와께서 이와 같이 말씀하시니라 바벨론에서 칠십 년이 차면 내가 너희를 돌보고 나의 선한 말을 너희에게 성취하여 너희를 이 곳으로 돌아오게 하리라."**

다니엘은 기원전 605년에 바벨론으로 끌려왔고 이 글은 기원전 539년에 읽었으므로 바벨론으로 끌려온 지 66년이 지나 이 글을 읽은 것입니다. 그 긴 세월이 흘러가는 동안 다니엘은 예레미야서에 이런 글이 있다는 것을 왜 몰랐을까요? 이유는 간단합니다. 예레미야서가 그의 손에 없었기 때문입니다. 당시는 인쇄술이 발달되지 않았던 때라 필사본 하나 만드는 데도 꽤 많은 시간이 소요되었습니다. 또한 당시 책들은 두루마리 형태라 부피도 컸습니다. 부피가 큰 두루마리 책을 포로로 끌려오는 사람이 가져오는 것도 무리고, 다니엘이 포로로 끌려올 당시에는 예레미야서가 아직 기록되지 않았을 가능성도 큽니다. 그런데 훗날 누군가가 가져온 예레미야의 글이 다니엘의 손에 들어왔고 그것을 읽는 중에 70년이 지나면 포로 생활이 끝나고 고국으로 돌아간다는 사실을 발견한 것입니다.

이런 이유 때문에 우리도 성경을 읽어야 합니다. 성경에는 사람이 알아야 할 모든 것이 기록되어 있습니다. 장래 일에 대해서도 기록되어 있고, 세상의 종말에 대해서도 기록되어 있습니다. 어떻게 사는 것이 바른 삶인지, 죽으면 어떻게 되는지에 대해서도 기록되어 있습니다. 이런 것을 말해주는 책은 성경 말고는 없습니다. 그래서 사람은 성경을 읽어야 합니다. 성경에 대해 디모데후서 3장 16-17절은 이렇게 말씀합니다. **"모든 성경은 하나님의 감동으로 된 것으로 교훈과 책망과 바르게 함과 의로 교육하기에 유익하니 이는 하나님의 사람으로 온전하게 하며 모든 선한 일을 행할 능력을 갖추게 하려 함이라."**

시편 19편 7-8절은 또 이렇게 말씀합니다. **"여호와의 율법은 완전하여 영혼을 소성시키며 여호와의 증거는 확실하여 우둔한 자를 지혜롭게 하며 여호와의 교훈은 정직하여 마음을 기쁘게 하고 여호와의 계명은 순결하여 눈을 밝게 하시도다."**

세상에 성경보다 더 유익한 책은 없습니다. 성경이 어떤 책인지를 알고 계신다면 꼭 성경을 읽으시기 바랍니다. 신문을 읽지 못하고 다른 책을 읽지 못하는 한이 있어도 성경은 읽으셔야 합니다. 그래야 사람으로서 꼭 알아야 하는 것을 알 수 있고, 바른 삶을 살아갈 수 있습니다.

최근에 원로 영화배우 신영균씨가 500억 재산을 사회에 기부할 뜻을 비치면서 이런 말을 했다고 합니다. "내 관 속에는 성경책 한 권만 넣어주면 된다." 성경의 가치를 제대로 아는 분이 남긴 명언이 아닐 수 없습니다.

다니엘이 예레미야의 글을 통해 포로 기간이 70년이라는 것을 알았을 때 그의 마음이 어땠을까요? 3절을 보겠습니다. **"내가 금식하며 베옷을 입고 재를 덮어쓰고 주 하나님께 기도하며 간구하기를 결심하고."**

그 놀라운 사실을 알았을 때 다니엘은 "금식하며 베옷을 입고 재를 덮어쓰고 주 하나님께 기도하며 간구하기를 결심"했다고 했습니다. '결심했다' 는 말은 원어성경에 '얼굴을 하나님께로 향했다' 로 되어 있습니다. 포로로 끌려온 지 66년이나 지났고, 돌아갈 날이 얼마 남지 않았으면 기뻐해야 하는 것 아닙니까? 그런데 다니엘은 기뻐하는 것이 아니라 슬픈 사람처럼 행동하고 있습니다. 이유는 자기 나라와 민족이 지은 죄를 누군가는 대표로 회개했어야 했는데 그런 사람이 없었다는 것을 알았기 때문입니다. 그래서 다니엘은 나이로 보나 지위로 보나 자신이 그 일을 해야 할 사람인 것을 알고 자신의 조국과 민족을 위해 하나님께 회개의 기도를 올리게 됩니다.

4절을 계속 보겠습니다. **"내 하나님 여호와께 기도하며 자복하여 이르기를 크시고 두려워할 주 하나님, 주를 사랑하고 주의 계명을 지키는 자를 위하여 언약을 지키시고 그에게 인자를 베푸시는 이시여."**

4-19절은 다니엘이 하나님께 기도한 내용입니다. 기도를 하면서 다니엘은 하나님을 '크시고 두려워할 주(主) 하나님', 그리고 '인자를 베푸시는 이' 라고 불렀습니다. '인자' 는 하나님의 특별한 사랑을 일컫는 말입니다. 어떤 사람에게 인자를 베푸시는가 하면 '주를 사랑하고 주의 계명을 지키는 자' 에게 베푸신다고 했습니다. 그리고 어떤 사람에게 '크시고 두려워할 주 하나님' 인가 하면 거역하고 불순종하는 자에게입니다. 그러므

로 하나님은 죄에 대해서는 반드시 심판하시는 공의의 하나님이고, 하나님을 사랑하고 하나님의 계명을 지키는 자에게는 인자를 베푸시는 사랑의 하나님인 것을 잊지 말아야 합니다.

5-6절을 보겠습니다. **"우리는 이미 범죄하여 패역하며 행악하며 반역하여 주의 법도와 규례를 떠났사오며 우리가 또 주의 종 선지자들이 주의 이름으로 우리의 왕들과 우리의 고관과 조상들과 온 국민에게 말씀한 것을 듣지 아니하였나이다."**

다니엘은 '우리' 라는 단어를 써서 기도를 하고 있습니다. 이유는 다니엘은 지금 자신의 개인 기도를 드리는 것이 아니라 나라와 민족을 대신해서 기도를 드리고 있기 때문입니다. 교회에서 회중을 대표하여 기도하는 분들도 '우리' 라는 단어를 쓰서 기도하는 것이 좋습니다. 제가 아는 어떤 분은 '우리' 라는 단어를 써서 기도를 잘하다가 끝날 때는 꼭 "저를 구원하신 예수님의 이름으로 기도드립니다" 라고 기도를 맺습니다. 그렇게 하는 이유에 대해 그분은 회중들 중에 구원받지 못한 분도 있을 수 있지 않느냐는 것입니다. 그래도 그렇게 할 필요 없다고 생각합니다. 대표기도는 개인기도가 아니므로 '나' 보다 '우리' 라는 단어를 쓰는 것이 좋습니다.

다니엘이 기도한 내용은 죄에 대한 자백입니다. 5절에 '범죄' '패역' '행악' '반역' 이라는 단어가 나옵니다. 이런 죄는 다니엘이 지은 것이 아니라 다니엘보다 앞서 살았던 유다 사람들이 지은 것입니다. 그들은 주의 종 선지자들이 전해준 말을 듣지 않음으로 이런 죄를 지었습니다(6절). 다니엘은 어린 나이에 바벨론으로 끌려왔고, 바벨론에 와서도 하나님을 잘 섬겼습니다. 그런데도 다니엘은 자기가 죄를 지은 것처럼 기도했는데 이는 그가 망한 유다의 지도자였기 때문입니다. 얼마나 많은 사람을 품느냐, 얼마나 많은 사람을 위해 기도하느냐에 따라 지도자의 크기는 달라집니다.

7-11절을 보겠습니다.

"주여 공의는 주께로 돌아가고 수치는 우리 얼굴로 돌아옴이 오늘과 같아서 유다 사람들과 예루살렘 거민들과 이스라엘이 가까운 곳에 있는 자들이나 먼 곳에 있는 자들이 다 주께서 쫓아내신 각국에서 수치를 당하였사오니 이는 그들이 주께 죄를 범하였음이니이다 주여 수치가 우리에게 돌아오고 우리의 왕들과 우리의 고관과 조상들에게 돌아온 것은 우리가 주께 범죄하였음이니이다 마는 주 우리 하나님께는 긍휼과 용서하심이 있사오니 이는 우리가 주께 패역하였음이오며 우리 하나님 여호와의 목소리를 듣지 아니하며 여호와께서 그의 종 선지자들에게 부탁하여 우리 앞에 세우신 율법을 행하지 아니하였음이니이다 온 이스라엘이 주의 율법을 범하고 치우쳐 가서 주의 목소리를 듣지 아니하였으므로 이 저주가 우리에게 내렸으되 곧 하나님의 종 모세의 율법에 기록된 맹세대로 되었사오니 이는 우리가 주께 범죄하였음이니이다."

나라와 민족을 위한 다니엘의 기도가 계속되고 있습니다. 유다 사람들이 자기 땅에서 쫓겨난 이유에 대해 다니엘은 세 가지로 정리했습니다. 첫째는 주께 죄를 범했기 때문입니다(7, 8, 11절). 둘째는 주께 패역했기 때문입니다(9절). '패역' 은 반역이라는 뜻입니다. 셋째는 율법을 행하지 아니했기 때문입니다(10절). 율법을 행하지 아니한 것은 불순종입니다. 그렇다면 '죄' 란 무엇입니까? 하나님께 반역하고 하나님 말씀에 불순종하는 것입니다.

그리고 하나님께는 무엇이 있다고 했습니까? '긍휼과 용서하심' 이 있다고 했습니다(9a절). 그러므로 사람이 죄를 지으면 하나님께 용서를 빌어야 합니다. 용서를 빌면 하나님께서 긍휼히 여겨주시고 용서해주십니다(잠 28:13, 요일 1:9).

12-14절을 보겠습니다.

"주께서 큰 재앙을 우리에게 내리사 우리와 및 우리를 재판하던 재판관을 쳐서 하신 말씀을 이루셨사오니 온 천하에 예루살렘에서 일어난 일 같은 것이 없나이다 모세의 율법에 기록된 대로 이 모든 재앙이 이미 우리에게 내렸사오나 우리는 우리의 죄악을 떠나고 주의 진리를 깨달아 우리 하나님 여호와의 얼굴을 기쁘게 하지 아니하였나이다 그러므로 여호와께서 이 재앙을 간직하여 두셨다가 우리에게 내리게 하셨사오니 우리의 하나님 여호와께서 행하시는 모든 일이 공의로우시나 우리가 그 목소리를 듣지 아니하였음이니이다."

하나님께서 예루살렘에 내린 재앙에 대한 말씀입니다. 신명기 28장에는 하나님을 거역하고 하나님께 불순종하면 저주와 재앙을 내리겠다는 말씀이 나옵니다. 그런데 불행하게도 유다와 예루살렘에게 그 말씀이 그대로 이루어졌습니다.

이것은 오늘날에도 마찬가지입니다. 하나님께 잘하면 복을 받고 잘못하면 벌을 받습니다. 당장 그렇게 안 될 수도 있지만 결국은 그렇게 됩니다.

15-19절을 보겠습니다.

"강한 손으로 주의 백성을 애굽 땅에서 인도하여 내시고 오늘과 같이 명성을 얻으신 우리 주 하나님이여 우리는 범죄하였고 악을 행하였나이다 주여 구하옵나니 주는 주의 공의를 따라 주의 분노를 주의 성 예루살렘, 주의 거룩한 산에서 떠나게 하옵소서 이는 우리의 죄와 우리 조상들의 죄악으로 말미암아 예루살렘과 주의 백성이 사면에 있는 자들에게 수치를 당함이니이다 그러하온즉 우리 하나님이여 지금 주의 종의 기도와 간구를 들으시고 주를 위하여 주의 얼굴 빛을 주의 황폐한 성소에 비추시옵소서 나의 하나님이여 귀를 기울여 들으시며 눈을 떠서 우리의 황폐한 상황과 주의 이름으로 일컫는 성을 보옵소서 우리가 주 앞에 간구하옵는 것은 우리의 공의를 의지하여 하는 것이 아니요 주의 큰 긍휼을 의지하여 함이니이다 주여 들으소서 주여 용서하소서 주여 귀를 기울이시고 행하소서 지체하지 마옵소서 나의 하나님이여 주 자신을 위하여 하시옵소서 이는 주의 성과 주의 백성이 주의 이름으로 일컫는 바 됨이니이다."

다니엘이 하나님의 용서와 긍휼을 구하는 내용입니다. 구체적으로 세 영역에 대해 하나님의 용서와 긍휼을 구했습니다. 첫째는 성전입니다(17절). 17절을 표준새번역은 이렇게 번역했습니다. "우리의 하나님, 이제 주의 종의 기도와 간구를 들어 주십시오. 무너진 주의 성전을 복구하여 주십시오. 성전을 복구하셔서, 주님만이 하나님이시라는 것을 모두가 알게 해 주십시오."

둘째는 예루살렘 성입니다(16a, 18a절). 셋째는 백성입니다(19절).

다니엘이 이 기도를 드리고 얼마 되지 않아 바사의 고레스 왕은 **"유다 사람들은 자기 나라로 돌아가도 좋다"**는 칙령을 발표합니다. 칙령에 대한 자세한 내용은 에스라서 1장 1-4절에 기록되어 있습니다. 다니엘의 기도는 결국 응답되었습니다. 성전은 스룹바벨이라는 사람의 리더십에 의해 기원전 516년에 완공되었습니다. 다니엘의 기도가 있은 지 23년 뒤에 이루어졌습니다. 백성은 에스라의 말씀사역으로 세워졌습니다. 81년 뒤에 그렇게 되었습니다. 예루살렘 성벽은 기원전 444년에 느헤미야의 리더십에 의해 다시 세워졌습니다. 95년 뒤에 이루어졌습니다. 시간이 좀 지나 이루어지긴 했어도 결국 다 이루어졌습니다.

다니엘서 9장 1-19절의 내용은 다니엘이 자신의 나라와 민족을 위해 기도한 내용입니다. 에스라서 9장에는 에스라가 나라와 민족을 위해 기도하는 내용이 나옵니다. 느헤미야 9장에는 이스라엘 백성이 자신들의 나라와 민족을 위해 기도하는 내용이 나옵니다. 그리고 다니엘서 9장에는 다니엘이 나라와 민족을 위해 기도하는 내용이 나옵니다. 공교롭게도 다니엘서 9장, 에스라서 9장, 느헤미야서 9장이 모두 나라와 민족을 위한 기도에 관한 것입니다. 시간 순서대로 하면 다니엘이 제일 먼저 기도했고, 그다음으로 에스라가 기도했고, 마지막으로 이스라엘 백성이 기도했습니다.

포로로 끌려간 유다 사람들이 70년이 지나 고국으로 돌아와 성전을 다시 짓고, 성벽을 다시 쌓아올리고, 나라를 새로 건설할 수 있었던 배경에는 다니엘의 기도가 있었다는 것을 잊지 말아야 합니다. 우리나라가 일제 강점기와 6 · 25전쟁을 거치고도 이렇게 빨리 잘 사는 나라가 된 배경에도 누군가의 기도가 있었다는 것을 잊으면 안 됩니다.

지금 우리나라는 정치 경제 외교 안보 면에서 대단히 어렵습니다. 지금

이야말로 우리가 나라와 민족을 위해 기도할 때입니다. 나라와 민족을 위해 기도하는 우리가 됩시다.

11. 일흔 이레로 정해진 하나님의 시간표
(단 9:20-27)

본문에서 제일 중요한 구절은 24절입니다. **"네 백성과 네 거룩한 성을 위하여 일흔 이레를 기한으로 정하였나니 허물이 그치며 죄가 끝나며 죄악이 용서되며 영원한 의가 드러나며 환상과 예언이 응하며 또 지극히 거룩한 이가 기름 부음을 받으리라."**

'네 백성' 은 다니엘의 백성 즉 이스라엘 백성을 말하고 '네 거룩한 성' 은 예루살렘 성을 말합니다. 이스라엘 백성과 예루살렘 성을 위하여 일흔 이레를 기한으로 정했다고 했는데 '이레' 는 7일, 7주, 7개월, 7년을 의미할 수 있는데 본문에서는 7년을 의미합니다. 일흔 이레는 이레(7년)가 일흔 번 있는 것이니까 490년입니다.

우리는 수를 셀 때 열 개씩 묶는 것을 좋아해서 열까지 세면 앞자리가 바뀌는 10진법을 쓰지만 고대 로마에서는 12진법을 썼다고 합니다. 그 영향인지는 몰라도 시계의 시침은 오늘날에도 12진법으로 되어 있습니다. 이스라엘 사람들은 수를 셀 때 일곱 개씩 묶는 것을 좋아합니다. 그래서 베드로는 예수님에게 **"형제가 잘못을 하면 일곱 번 용서해 주면 되겠습니까?"**라고 물었고, 예수님은 **"일곱 번씩 일흔 번이라도 용서해 주라"**고 하셨습니다. 우리 같으면 '열 번', '백 번' 할 것을 베드로와 예수님은 '일곱 번', '일흔 번' 이라고 한 것입니다. 이와 같이 이스라엘 사람들은 수를 묶을 때 일곱 개씩 묶는 것을 좋아합니다. 여하튼, 일흔 이레는 7년이 70번 있는 490년을 뜻합니다.

일흔 이레 즉 490년이 지나면 **"허물이 그치며 죄가 끝나며 죄악이 용서되며 영원한 의가 드러나며 환상과 예언이 응하며 또 지극히 거룩한 이가 기름 부음을 받는다"**(24b절)고 했습니다. 내용을 보면 이런 일은 예수님이 재림하시고 천년왕국에 가서야 이루어질 일입니다. 그러므로 일흔 이레(490년)가 지나면 예수님이 재림하신다는 말입니다.

일흔 이레에 대한 더 자세한 내용은 그 다음 절에 계속 나옵니다. 25a절을 보겠습니다. **"그러므로 너는 깨달아 알지니라 예루살렘을 중건하라는 영이 날 때부터 기름 부음을 받은 자 곧 왕이 일어나기까지 일곱 이레와 예순두 이레가 지날 것이요."**

'기름 부음을 받은 자 곧 왕' 으로 표현된 분은 메시야 곧 예수님을 가리킵니다. **"예루살렘을 중건하라는 영이 날 때부터 기름 부음을 받은 자 곧 왕이 일어나기까지 일곱 이레와 예순두 이레가 지날 것"**이라고 했는데 일곱 이레와 예순두 이레를 합치면 예순아홉 이레가 됩니다. 예순아홉 이레는 일흔 이레에서 한 이레가 빠지는 것이므로 483년이 됩니다. 일흔 이레 중에서 예순아홉 이레가 지나가면 한 이레(7년)가 남는데 남은 한 이레에 대해서는 27절에 기록되어 있습니다. **"그가 장차 많은 사람들과 더불어 한 이레 동안의 언약을 굳게 맺고 그가 그 이레의 절반에 제사와 예물을 금지할 것이며…."**

여기서 '한 이레' 는 일흔 이레 중에서 마지막으로 남은 한 이레(7년)를 말합니다. 일흔 이레가 지나가면 예수님이 재림하시고 천년왕국이 시작되는 것입니다. 24절의 핵심이 그것입니다. 일흔 이레에 대한 본문의 말씀은 종말론과 관련하여 대단히 중요한 말씀입니다.

본문의 내용을 처음부터 살펴보겠습니다. 본문의 내용 앞에는 다니엘이 나라와 민족을 위해 기도하는 내용이 있습니다. 다니엘이 하나님께 기도했더니 기도의 응답이 바로 왔습니다. 20-23a절을 보겠습니다.

"내가 이같이 말하여 기도하며 내 죄와 내 백성 이스라엘의 죄를 자복하고 내 하나님의 거룩한 산을 위하여 내 하나님 여호와 앞에 간구할 때 곧 내가 기도할 때에 이전에 환상 중에 본 그 사람 가브리엘이 빨리 날아서 저녁 제사를 드릴 때 즈음에 내게 이르더니 내게 가르치며 내게 말하여 이르되 다니엘아 내가 이제 네게 지혜와 총명을 주려고 왔느니라 곧 네가 기도를 시작할 즈음에 명령이 내렸으므로 이제 네게 알리러 왔느니라 너는 크게 은총을 입은 자라."

다니엘이 기도했더니 응답이 바로 왔습니다. 기도 응답을 전해준 이는 가브리엘입니다. 가브리엘은 천사인데 '그 사람 가브리엘' 이라고 한 이유는 가브리엘이 사람의 형체로 나타났기 때문입니다. 성경을 보면 가브리엘이 주로 하는 일은 하나님의 심부름입니다. 제사장 사가랴에게 그의 아내 엘리사벳이 아들(침례 요한)을 낳을 것이라는 소식을 전해준 이가 가브리엘입니다(눅 1:11-19). 마리아에게 아들(예수님)을 낳을 것이라는 소식을 전해준 이도 가브리엘입니다(눅 1:26-31). 다니엘이 본 숫양과 숫염소의 환상을 깨닫게 해준 이도 가브리엘입니다(단 8:16-17).

다니엘이 드린 기도의 응답으로 하나님께서 보여주신 것이 일흔 이레에 대한 환상입니다. 23b절을 보겠습니다. **"그런즉 너는 이 일을 생각하고 그 환상을 깨달을지니라."**

일흔 이레에 대한 환상은 이스라엘 백성과 예루살렘에 대한 하나님의 계획이자 시간표입니다. 하나님은 왜 기도의 응답으로 이런 환상을 보여주셨을까요? 다니엘이 알고 싶은 것이 그것이었기 때문입니다. 바벨론 포로생활은 70년이 지나면 끝난다는 것을 다니엘은 이미 알고 있습니다. 그 다음에는 어떻게 될 것인가 하는 궁금증이 그에게 있었습니다. 이런 이유 때문에 하나님은 일흔 이레에 대한 환상을 보여주신 것입니다.

일흔 이레에 대한 말씀을 자세히 보도록 하겠습니다. 24절을 보면 하나님은 이스라엘 백성과 예루살렘을 위해 일흔 이레를 기한으로 정했다고 하셨습니다. 일흔 이레는 490년을 말합니다. 일흔 이레가 지나면 **"허물이 그치며 죄가 끝나며 죄악이 용서되며 영원한 의가 드러나며 환상과 예언이 응하며 지극히 거룩한 이가 기름 부음을 받을 것"**이라고 했습니다. '지극히 거룩한 이'는 '지극히 거룩한 곳'으로도 번역이 가능한데 '지극히 거룩한 이(사람)'면 예수님이고, '지극히 거룩한 곳(장소)'이면 천년왕국 때 세워질 성전입니다. 천년왕국 때 세워질 성전에 대해서는 에스겔서 41-46

장에 기록되어 있습니다. 일흔 이레(490년)가 지나고 나서 일어날 일들을 보면 예수님이 재림하시고, 천년왕국에 가서 일어날 일들입니다. 그러므로 일흔 이레의 끝은 예수님의 지상 재림입니다.

언제로부터 490년 뒤에 예수님이 재림하신다는 말일까요? 그것에 대해서는 25a절에 나와 있습니다. **"그러므로 너는 깨달아 알지니라 예루살렘을 중건하라는 영이 날 때부터 기름 부음을 받은 자 곧 왕이 일어나기까지 일곱 이레와 예순두 이레가 지날 것이요."**

'예루살렘을 중건하라는 영이 날 때부터' 490년 뒤에 재림하신다는 말입니다. 예루살렘을 중건하라는 영은 기원전 444년에 있었습니다. 느헤미야 2장 1-8절을 보면 느헤미야가 아닥사스다 왕으로부터 예루살렘을 중건하라는 영을 받습니다. 그때로부터 490년 뒤면 서기 46년인데 서기 46년에 예수님이 재림하셨습니까?

안 하셨습니다. 그러면 이것이 어떻게 된 것입니까? 성경이 틀린 것입니까? 아닙니다. 일흔 이레의 환상은 온 세상에 대한 하나님의 시간표가 아니라 이스라엘 사람들과 예루살렘에 대한 하나님의 시간표라는 것을 잊으면 안 됩니다(24a절). 이스라엘 사람들과 예루살렘에 대한 하나님의 시곗바늘은 예수님께서 십자가에 달려 돌아가실 때 멈췄습니다. 멈춘 시곗바늘은 언제 다시 돌아가는가 하면 예수님께서 다시 오실 때 돌아갑니다. 그때까지는 이방인들에 대한 시곗바늘만 돌아갑니다(롬 11:25-27 참조). 지금은 이방인들을 위한 구원의 시간입니다. 이방인들을 위한 구원의 시간은 예수님께서 다시 오실 때까지 계속될 것입니다. 이방인들을 위한 구원의 시간은 벌써 2천 년이나 흘렀습니다. 그러다가 예수님께서 공중으로 재림하시면 이방인들을 위한 시간은 멈추고 다시 이스라엘 사람들을 위한 시곗바늘이 돌아갈 것입니다. 본문의 일흔 이레(490년)는 순수하게 이스라엘만을 위한 시간입니다.

25절에서 '기름 부음을 받은 자 곧 왕' 은 예수님을 가리킵니다. **"기름 부음을 받은 자 곧 왕이 일어나기까지(오기까지) 일곱 이레와 예순두 이레가 지날 것"**이라고 했습니다. 일곱 이레와 예순두 이레를 합치면 예순아홉 이레가 됩니다. 예순아홉 이레 즉 483년이 지나가면서 **"성이 중건되어 광장과 거리가 세워질 것"**(25b절)이라고 했는데 그대로 이루어졌습니다.

26a절을 계속 보겠습니다. **"예순두 이레 후에 기름 부음을 받은 자가 끊어져 없어질 것이며."**

'기름 부음을 받은 자' 는 메시야 예수님을 말하고, '끊어져 없어질 것' 이라는 말은 예수님이 십자가에 달려 돌아가실 것을 말합니다. 예수님이 언제 돌아가시는가 하면 '예순두 이레 후에' 돌아가신다고 했습니다. '예순두 이레' 는 일곱 이레가 지나고 나서 오는 예순두 이레를 말합니다. 그러므로 예수님은 예순아홉 이레(483년) 후에 돌아가신다는 말입니다. 예루살렘을 중건하라는 영이 날 때(기원전 444년)로부터, 예순아홉 이레(483년) 후면 서기 39년인데, 그때 예수님이 십자가에 달려 돌아가신다는 것입니다. 예수님은 서기 30년이나 33년에 돌아가신 것으로 알려져 있는데 다니엘서의 예언과는 시간적인 오차가 있습니다. 그 이유는 지금 우리가 쓰는 달력과 당시 히브리인들이 썼던 달력이 다르기 때문입니다. 히브리력은 1년이 365일이 아닙니다. 365일보다 적습니다. 히브리력으로 계산을 하면 정확하게 맞을 것입니다.

예수님이 십자가에 달려 돌아가시는 순간 이스라엘을 위한 하나님의 시계는 멈췄습니다. 멈춘 시계는 예수님께서 재림하실 때 다시 돌아갑니다. 예수님께서 재림하실 때는 먼저 공중으로 오시는데 그때 구원받은 성도들은 공중으로 들림을 받습니다. 그리고 이 땅에서는 7년 대환난이 시작됩니다. 7년 대환난 기간이 일흔 이레의 마지막 '한 이레' (7년)입니다.

마지막 한 이레에 대해서는 26b-27절에 기록되어 있습니다.

"장차 한 왕의 백성이 와서 그 성읍과 성소를 무너뜨리려니와 그의 마지막은 홍수에 휩쓸림 같을 것이며 또 끝까지 전쟁이 있으리니 황폐할 것이 작정되었느니라 그가 장차 많은 사람들과 더불어 한 이레 동안의 언약을 굳게 맺고 그가 그 이레의 절반에 제사와 예물을 금지할 것이며 또 포악하여 가증한 것이 날개를 의지하여 설 것이며 또 이미 정한 종말까지 진노가 황폐하게 하는 자에게 쏟아지리라 하였느니라 하니라."

'한 왕' 은 적그리스도입니다(요일 2:18). 다니엘서 7장 8절에서는 '작은 뿔', 요한계시록 13장에서는 '짐승', 데살로니가후서 2장 3절에서는 '불법의 사람' 과 '멸망의 아들' 로 불리어지는 사람입니다. 7년 대환난이 시작되면 이스라엘을 위한 하나님의 시곗바늘이 다시 돌아갑니다. 왜냐하면 7년 대환난 기간은 하나님이 적그리스도와 적그리스도를 추종하는 세상을 심판하시는 시간이기도 하지만 이스라엘 사람들을 하나님께로 돌이키는 시간이기도 하기 때문입니다. 요한계시록 7장에 14만 4천 명에 대한 말씀이 나오는데 그들은 이스라엘 사람들에게 복음을 전할 이스라엘 사람들입니다.

이스라엘을 위한 하나님의 시계는 7년 동안 돌아가다가 다시 멈춥니다. 왜냐하면 예수님께서 지상으로 재림하실 것이기 때문입니다. 예수님께서 지상으로 재림하시면 인류 역사는 마침내 끝이 납니다.

적그리스도가 하게 될 일에 대해서는 27절에 나옵니다. 많은 사람들과 더불어 '한 이레(7년)' 동안의 언약을 굳게 맺는다고 했습니다. '많은 사람들' 은 이스라엘 사람들을 말합니다. **"그 이레의 절반에 제사와 예물을 금지할 것"**이라고 했습니다. 적그리스도는 7년 대환난이 시작되면서 등장하는데 처음에는 이스라엘 사람들에게 잘해줄 것처럼 약속합니다. 하지만 3년 반 후에 본색을 드러내면서 하나님께 드리는 제사와 예물을 금지합니다. 그리고 성전에 자신의 우상을 세워놓고 자신이 하나님인 양 자신을 숭배하게 만듭니다. **"가증한 것이 날개를 의지하여 설 것"**이라고 했는데 성전에 세워질 적그리스도의 우상을 말합니다. 여기에 대해서는 요한계시록 13장 11-15절에 잘 나와 있습니다.

"내가 보매 또 다른 짐승이 땅에서 올라오니 어린 양 같이 두 뿔이 있고 용처럼 말을 하더라 그가 먼저 나온 짐승의 모든 권세를 그 앞에서 행하고 땅과 땅에 사는 자들을 처음 짐승에게 경배하게 하니 곧 죽게 되었던 상처가 나은 자니라 큰 이적을 행하되 심지어 사람들 앞에서 불이 하늘로부터 땅에 내려오게 하고 짐승 앞에서 받은 바 이적을 행함으로 땅에 거하는 자들을 미혹하며 땅에 거하는 자들에게 이르기를 칼에 상하였다가 살아난 짐승을 위하여 우상을 만들라 하더라 그가 권세를 받아 그 짐승의 우상에게 생기를 주어 그 짐승의 우상으로 말하게 하고 또 짐승의 우상에게 경배하지 아니하는 자는 몇이든지 다 죽이게 하더라."

7년 대환난 기간 중에 수많은 사람이 적그리스도에게 죽임을 당할 것입니다. 그러나 적그리스도도 결국은 지상으로 내려오시는 예수 그리스도에 의해 산 채로 유황불 붙는 못에 던져지게 됩니다(계 19:19-21). 7년 대환난 기간에 쏟아질 하나님의 진노에 대해서는 요한계시록 6-18장에 잘 나와 있습니다. 감사한 것은 구원받은 성도는 7년 대환난에 들어가지 않는다는 것입니다. 그전에 공중으로 들림 받을 것이기 때문입니다.

세상 돌아가는 것을 보면 예수님께서 다시 오실 날이 멀지 않았습니다. 이스라엘이 회복되어 이 땅에 있는 것을 보면 알 수 있습니다. 이스라엘은 서기 70년에 로마에 의해 완전히 멸망한 나라입니다. 그런 나라가 1948년 5월 14일에 주권국가로 다시 세워졌습니다. 기적이 아닐 수 없습니다. 하나님께서 하나님의 시간표대로 일하시기 위해 이스라엘을 회복시켜주신 것입니다. 이런 것만 보아도 예수님께서 다시 오실 날이 머지않은 것을 알 수 있습니다. 성경을 잘 보면 적그리스도는 신흥로마제국에서 나오는데 신흥로마제국이 EU(유럽연합)라면 적그리스도가 나올 나라도 이미 이 땅에 있는 것입니다. 지금이 어느 때인가를 알고, 예수님께서 언제 다시 오시더라도 부끄럼 없이 주님을 맞이할 수 있는 우리가 됩시다.

12. 큰 전쟁에 관한 환상

(단 10:1-11:1)

본문은 다니엘이 본 '큰 전쟁에 관한' 환상입니다. 본문 1절에 '큰 전쟁에 관한' 이라는 표현과 '환상' 이라는 단어가 있습니다. 큰 전쟁에 관한 환상을 본 다니엘은 세 이레(21일) 동안 슬퍼했고 음식도 제대로 먹을 수 없었습니다(2-3절). 이유가 무엇일까요? 심상치 않은 환상인데 뜻을 알 수 없었기 때문입니다. 환상의 의미를 알기까지 다니엘은 '21일 동안' 기다려야 했습니다. 13절에서 그것을 말하고 있는데, 13절은 잠시 뒤에 보도록 하겠습니다.

다니엘이 본 환상의 내용은 5-6절에 기록되어 있습니다. **"그 때에 내가 눈을 들어 바라본즉 한 사람이 세마포 옷을 입었고 허리에는 우바스 순금 띠**

를 띠었더라 또 그의 몸은 황옥 같고 그의 얼굴은 번갯빛 같고 그의 눈은 횃불 같고 그의 팔과 발은 빛난 놋과 같고 그의 말소리는 무리의 소리와 같더라."

다니엘이 환상 중에 '한 사람'을 보았는데 그 모습이 예사롭지 않습니다. 이 사람의 정체가 무엇일까요? 둘 중의 하나인데 하나님 아니면 하나님의 사자입니다. 이 사람의 정체에 대해서도 잠시 뒤에 생각해보겠습니다.

이 환상은 다니엘 혼자 보았는데 다니엘 주위에 있던 사람들도 두려워했습니다. 7절을 보겠습니다. **"이 환상을 나 다니엘이 홀로 보았고 나와 함께 한 사람들은 이 환상은 보지 못하였어도 그들이 크게 떨며 도망하여 숨었느니라."**

다니엘과 함께 있던 사람들은 환상을 직접 보지 못하였어도 두려워 숨었다고 했으니 얼마나 대단한 환상을 다니엘이 본 것입니까. 8-9절을 계속 보겠습니다. **"그러므로 나만 홀로 있어서 이 큰 환상을 볼 때에 내 몸에 힘이 빠졌고 나의 아름다운 빛이 변하여 썩은 듯하였고 나의 힘이 다 없어졌으나 내가 그의 음성을 들었는데 그의 음성을 들을 때에 내가 얼굴을 땅에 대고 깊이 잠들었느니라."**

엄청난 환상을 보다가 다니엘은 깊은 잠이 들었습니다. 표준새번역 성경에는 "정신을 잃고 땅에 쓰러졌다"로 되어 있습니다. 다니엘이 단순히 잠든 것이 아니라 정신을 잃은 것이라고 생각됩니다. 그런데 한 손이 다니엘을 어루만지면서 일으켜 세웁니다. 10-11절을 보겠습니다. **"한 손이 있어 나를 어루만지기로 내가 떨었더니 그가 내 무릎과 손바닥이 땅에 닿게 일으키고 내게 이르되 큰 은총을 받은 사람 다니엘아 내가 네게 이르는 말을**

깨닫고 일어서라 내가 네게 보내심을 받았느니라 하더라 그가 내게 이 말을 한 후에 내가 떨며 일어서니."

다니엘을 일으켜 세운 손은 누구의 손일까요? 5-6절에 나온, 예사롭지 않은 모습을 가진 그분의 손이라고 생각됩니다. 그분이 뭐라고 하십니까? **"내가 네게 보내심을 받았다"**고 했습니다. 누구의 보내심을 받은 것일까요? 하나님입니다. 그렇다면 이 분은 하나님이 아닌 것을 알 수 있습니다.

그분이 뭐라고 하는지 12-14절을 계속 보겠습니다.

"그가 내게 이르되 다니엘아 두려워하지 말라 네가 깨달으려 하여 네 하나님 앞에 스스로 겸비하게 하기로 결심하던 첫날부터 네 말이 응답 받았으므로 내가 네 말로 말미암아 왔느니라 그런데 바사 왕국의 군주가 이십일 일 동안 나를 막았으므로 내가 거기 바사 왕국의 왕들과 함께 머물러 있더니 가장 높은 군주 중 하나인 미가엘이 와서 나를 도와주므로 이제 내가 마지막 날에 네 백성이 당할 일을 네게 깨닫게 하러 왔노라 이는 이 환상이 오랜 후의 일임이라 하더라."

그분이 뭐라고 했습니까? **"두려워하지 말라"**(12a절), **"내가 네 말로 말미암아 왔다"**(12b절), **"더 빨리 오려고 했는데 바사 왕국의 군주가 21일 동안 나를 막았다"**(13a절), **"미가엘이 와서 나를 도와주었다"**(13b절), **"네 백성이 당할 일을 네게 깨닫게 하러 왔다"**(14a절)고 했습니다. 그가 한 말을 보면 이 사람은 하나님이 아니라 하나님의 사자(천사)인 것이 틀림없습니다. 이 사자가 누구일까요? 가브리엘 천사입니다. 다니엘서 8장 16절과 9장 21-22절을 보면 알 수 있습니다.

"내가 들은즉 을래 강 두 언덕 사이에서 사람의 목소리가 있어 외쳐 이르

되 가브리엘아 이 환상을 이 사람에게 깨닫게 하라 하더니."

"곧 내가 기도할 때에 이전에 환상 중에 본 그 사람 가브리엘이 빨리 날아서 저녁 제사를 드릴 때 즈음에 내게 이르더니 내게 가르치며 내게 말하여 이르되 다니엘아 내가 이제 네게 지혜와 총명을 주려고 왔느니라."

이 말씀을 보면 가브리엘 천사는 전에도 다니엘에게 환상을 설명해 준 적이 있습니다. 그러므로 본문에서 다니엘에게 환상을 설명해 주기 위해 온 이도 가브리엘 천사인 것을 알 수 있습니다. 마리아에게 예수님의 잉태 소식을 전해준 이도 가브리엘이었습니다(눅 1:26-27).

"바사 왕국의 군주가 21일 동안 나를 막았다"(13절)고 했는데 이것은 '바사 왕국의 군주' 가 가브리엘로 하여금 다니엘에게 환상을 설명해 주러 가지 못하도록 막았다는 말입니다. '바사 왕국의 군주' 는 바사 왕국을 편드는 천사 또는 바사 왕국의 입장에서 일하는 천사를 뜻합니다. 이런 이유에서 표준새번역 성경은 '군주' 를 '천사장' 으로 번역했고, 공동번역 성경은 '수호신' 으로 번역했습니다. 바사 왕국의 군주(천사)가 가브리엘을 막았을 때 미가엘이 와서 가브리엘을 도와주었다고 했는데, 미가엘은 '가장 높은 군주(천사) 중 하나' 라고 했습니다. 미가엘은 이스라엘을 편드는 천사 즉 이스라엘의 입장에서 일하는 천사입니다. 다니엘서 12장 1절에는 '네(다니엘) 민족을 호위하는 큰 군주 미가엘' 이라는 표현이 있습니다. 본문 20절에는 '헬라의 군주' 라는 표현이 있는데 이는 헬라를 편드는 천사 또는 헬라의 입장에서 일하는 천사라는 뜻입니다.

본문에서 다니엘이 가브리엘로부터 들은 것은 천사들 간의 전쟁에 관한 것입니다. 전쟁은 사람들 간에만 있는 것이 아니라 천사들 간에도 있습니다. 그리스도인들이 싸우는 영적인 전쟁 뒤에는 선한 천사들과 악한 천사들의 전쟁이 있습니다. 이런 이유에서 에베소서 6장 12절은 이렇게 말합니다. **"우리의 씨름은 혈과 육을 상대하는 것이 아니요 통치자들과 권세들과 이 어둠의 세상 주관자들과 하늘에 있는 악의 영들을 상대함이라."**

여기에 언급된 '통치자들' '권세들' '세상 주관자들'은 천사들입니다. 천사들 간의 전쟁에 대해서는 성경 다른 곳에서도 말하는데 유다서 1장 9절에는 이런 말씀이 있습니다. **"천사장 미가엘이 모세의 시체에 관하여 마귀와 다투어 변론할 때에 감히 비방하는 판결을 내리지 못하고 다만 말하되 주께서 너를 꾸짖으시기를 원하노라 하였거늘."**

모세의 시체를 놓고 천사장 미가엘이 마귀와 다투는 내용입니다. 요한계시록 12장 7-9절에는 이런 말씀이 있습니다.

"하늘에 전쟁이 있으니 미가엘과 그의 사자들이 용과 더불어 싸울새 용과 그의 사자들도 싸우나 이기지 못하여 다시 하늘에서 그들이 있을 곳을 얻지 못한지라 큰 용이 내쫓기니 옛 뱀 곧 마귀라고도 하고 사탄이라고도 하며 온 천하를 꾀는 자라 그가 땅으로 내쫓기니 그의 사자들도 그와 함께 내쫓기니라."

7년 대환난 기간 중에 미가엘과 사탄이 하늘에서 전쟁을 벌이는 내용입니다. 열왕기하 6장 15-17절도 보겠습니다.

"하나님의 사람의 사환이 일찍이 일어나서 나가보니 군사와 말과 병거가 성읍을 에워쌌는지라 그의 사환이 엘리사에게 말하되 아아, 내 주여 우리가 어찌하리이까 하니 대답하되 두려워하지 말라 우리와 함께 한 자가 그들과 함께 한 자보다 많으니라 하고 기도하여 이르되 여호와여 원하건대 그의 눈을 열어서 보게 하옵소서 하니 여호와께서 그 청년의 눈을 여시매 그가 보니

불말과 불병거가 산에 가득하여 엘리사를 둘렀더라."

이스라엘을 위한 천사들의 군대가 이스라엘을 보호하고 있는 내용입니다. 이와 같이 전쟁은 사람들 간에만 있는 것이 아니라 천사들 간에도 있음을 알아야 합니다.

15-17절을 계속 보겠습니다.

"그가 이런 말로 내게 이를 때에 내가 곧 얼굴을 땅에 향하고 말문이 막혔더니 인자와 같은 이가 있어 내 입술을 만진지라 내가 곧 입을 열어 내 앞에 서 있는 자에게 말하여 이르되 내 주여 이 환상으로 말미암아 근심이 내게 더하므로 내가 힘이 없어졌나이다 내 몸에 힘이 없어졌고 호흡이 남지 아니하였사오니 내 주의 이 종이 어찌 능히 내 주와 더불어 말씀할 수 있으리이까 하니."

'인자와 같은 이'는 사람같이 생긴 분이라는 말입니다. 이분이 누구일까요? 가브리엘 천사라고 생각됩니다. 그가 무엇을 했습니까? 다니엘의 입술을 만졌습니다. 그러자 다니엘이 입을 열어 말합니다. **"내 주여 이 환상으로 말미암아 근심이 내게 더하므로 내가 힘이 없어졌나이다 내 몸에 힘이 없어졌고 호흡이 남지 아니하였사오니 내 주의 이 종이 어찌 능히 내 주와 더불어 말씀할 수 있으리이까"**(16b-17절).

다니엘이 뭐라고 했습니까? "주님, 내가 환상 본 것 때문에 힘이 없어서 말을 못하겠습니다"라고 했습니다.

18-19절을 보겠습니다.

"또 사람의 모양 같은 것 하나가 나를 만지며 나를 강건하게 하여 이르되

큰 은총을 받은 사람이여 두려워하지 말라 평안하라 강건하라 강건하라 그가 이같이 내게 말하매 내가 곧 힘이 나서 이르되 내 주께서 나를 강건하게 하셨사오니 말씀하옵소서."

사람같이 생긴 그분이 또 뭐라고 했습니까? **"두려워하지 말라 평안하라 강건하라 강건하라"**고 했습니다. 18절의 '사람의 모양 같은 것' 과 16절의 '인자와 같은 이' 는 동일한 존재입니다. 표준새번역 성경은 18절을 이렇게 번역했습니다. "사람처럼 생긴 이가 다시 나를 어루만지시며, 나를 강하게 하였다."

그래서 다니엘은 힘을 얻었습니다.

20절을 계속 보겠습니다. **"그가 이르되 내가 어찌하여 네게 왔는지 네가 아느냐 이제 내가 돌아가서 바사 군주와 싸우려니와 내가 나간 후에는 헬라의 군주가 이를 것이라."**

그분이 말하기를 **"이제 내가 돌아가서 바사 군주와 싸울 것이고 헬라 군주와도 싸울 것"**이라고 했습니다. '바사 군주' 와 '헬라 군주' 는 바사 편 천사와 헬라 편 천사를 말합니다. **"헬라의 군주가 이를 것이라"**(20b절)는 말은 '헬라의 군주가 올 것이다, 헬라의 군주가 싸우기 위해 달려들 것이다' 라는 말입니다. 헬라는 바사 제국 다음으로 일어날 제국인데, 제국이 일어날 때마다 하늘에서는 천사들 간에 전쟁이 있는 것을 알 수 있습니다.

21a절을 보겠습니다. **"오직 내가 먼저 진리의 글에 기록된 것으로 네게 보이리라."**

'나' 는 사람 같이 생긴 천사 즉 가브리엘인데 그는 '진리의 글' 에 기록된 것을 가지고 다니엘에게 설명한다고 했습니다. '진리의 글' 은 모든 나라의 운명을 기록한 책이라고 생각됩니다. 물론 하나님께서 기록한 것입니다. 그러니 그가 말하는 것은 믿을 수 있다는 것입니다.

21b절을 계속 보겠습니다. **"나를 도와서 그들을 대항할 자는 너희의 군주 미가엘뿐이니라."**

가브리엘 천사가 바사와 헬라의 군주 즉 바사와 헬라를 돕는 천사와 싸우게 되는데 그때 가브리엘 천사를 도울 자는 미가엘뿐이라고 했습니다. 미가엘 천사는 이스라엘 편 천사입니다

본문의 마지막 구절인 11장 1절을 보겠습니다. **"내가 또 메대 사람 다리오 원년에 일어나 그를 도와서 그를 강하게 한 일이 있었느니라."**

가브리엘 천사는 메대 사람 다리오도 도와주었다고 했습니다. 메대 사람 다리오는 바벨론을 무너뜨린 사람입니다(단 5:30-31).

다니엘이 본문의 환상을 보았을 때는 '바사 왕 고레스 3년' 이었습니다(10:1). 그때는 기원전 537년이었고, 바사가 헬라에 의해 무너진 해는 기원전 330년입니다. 그러니까 다니엘은 200년 뒤에 일어날 일을 가브리엘 천사에게 들은 것입니다. 이런 이유 때문에 14절에서 **"이 환상은 오랜 후의 일"**이라고 한 것입니다. 다니엘서 11장에는 그보다 더 뒤의 일에 대해서도 기록되어 있습니다.

본문의 내용은 천사들 간의 전쟁에 관한 것입니다. 우리가 영적인 전쟁

을 할 때도 하늘에서는 천사들 간에 전쟁이 있다는 것을 알아야 합니다. 영적인 전쟁에서 이기는 방법이 무엇일까요? 하나님의 전신 갑주를 입고 싸우는 것입니다.

"끝으로 너희가 주 안에서와 그 힘의 능력으로 강건하여지고 마귀의 간계를 능히 대적하기 위하여 하나님의 전신 갑주를 입으라 우리의 씨름은 혈과 육을 상대하는 것이 아니요 통치자들과 권세들과 이 어둠의 세상 주관자들과 하늘에 있는 악의 영들을 상대함이라 그러므로 하나님의 전신 갑주를 취하라 이는 악한 날에 너희가 능히 대적하고 모든 일을 행한 후에 서기 위함이라"(엡 6:10-13).

하나님의 전신 갑주를 입음으로 사탄과의 영적인 전쟁에서 승리하는 우리가 됩시다.

13. 예고된 왕들의 전쟁

(단 11:2-19)

본문은 왕들의 전쟁에 관한 말씀입니다. 본문의 내용을 말씀하시는 분은 다니엘서 10장에서 다니엘이 본 환상을 다니엘에게 설명해 준 가브리엘 천사입니다. 10장에서는 하늘에서 있게 될 천사들 간의 전쟁에 대해 말해주었고(단 10:20), 본문에서는 땅의 왕들 간에 있게 될 전쟁에 대해 말해줍니다.

본문의 주 내용은 남방 왕과 북방 왕이 싸우는 것입니다. 남방은 애굽(이집트)을, 북방은 시리아(아람)를 말합니다. 그런데 그 내용이 아주 구체적입니다. 이런 이유 때문에 본문의 내용을 일어날 일에 대한 예언이 아니라, 이미 일어난 일에 대한 기록이라고 보는 사람들이 있습니다. 하지만 본문의 내용은 예언이 맞습니다. 장차 일어날 일을 가브리엘 천사가 다니엘에게 설명해 주는 것입니다. 가브리엘 천사는 미래의 일을 어떻게 그렇게 정확하고 자세하게 알았을까요? 하나님께서 미리 보여주셨기 때문입니다. 다니엘서 10장 21a절에 이렇게 기록되어 있습니다. **"오직 내가 먼저 진리의 글에 기록된 것으로 네게 보이리라."** 여기서 '나' 는 가브리엘 천사, '너' 는 다니엘입니다. 가브리엘은 '진리의 글' 에 기록된 것을 다니엘에게 말해준다고 했습니다. '진리의 글' 이란 모든 나라에게 일어날 일들과 모든 나라의 운명을 기록해 놓은 책이라고 생각됩니다. 물론 하나님께서 기록한 것입니다. 그러니 가브리엘이 다니엘에게 말해준 내용은 정확할 수밖에 없습니다.

그렇다면 하나님은 왜 애굽과 시리아가 전쟁할 것을 다니엘에게 알려주었을까? 그 이유는 두 나라가 이스라엘과 인접한 국가들이기 때문입니다. 이스라엘은 인접한 두 나라의 영향을 받을 수밖에 없습니다. 이스라엘은 로마에 점령당할 때까지 두 나라에게 끊임없이 시달렸습니다. 또 다른 이유는 시리아의 왕들 중에서 적그리스도의 모형이 될 사람이 나올 것이기 때문입니다. 그에 대해서는 다니엘서 11장 20절 이하에 기록되어 있습니다.

이제 본문의 내용을 살펴보겠습니다. 2절입니다. **"이제 내가 참된 것을 네게 보이리라 보라 바사에서 또 세 왕들이 일어날 것이요 그 후의 넷째는 그들보다 심히 부요할 것이며 그가 그 부요함으로 강하여진 후에는 모든 사람을 충동하여 헬라 왕국을 칠 것이며."**

'바사에서 세 왕이 일어날 것' 이라고 했는데 세 왕은 바사의 고레스 왕 이후에 일어날 세 왕을 말합니다. 다니엘은 다니엘서 10-11장에 기록된 환상을 고레스 왕 3년에 보았습니다(단 10:1). 고레스 왕 뒤에 일어날 첫 번째 왕은 캄비세스(Cambyses, 530-522 BC)로 고레스의 아들입니다. 두 번째 왕은 수도-스메르디스(Pseudo-Smerdis, 522)이고 세 번째 왕은 다리오 1세 히스타스페스(Darius I Hystaspes, 522-486)입니다. 이 세 왕 뒤에 일어날 네 번째 왕은 심히 부하고 강하며 헬라를 칠 것이라고 했는데 이 왕은 크세르크세스(Xerxes, 486-465)입니다. 이 사람이 에스더서에 나오는 아하수에로 왕입니다. 크세르크세스는 페르시아어 발음이고 아하수에로는 히브리어 발음입니다. 이 사람이 얼마나 부하고 강했는지는 에스더서 1장 1-8절을 보면 알 수 있습니다. 역사적으로 이 사람은 헬라와 여러 차례 전쟁을 했습니다.

3절을 보겠습니다. **"장차 한 능력 있는 왕이 일어나서 큰 권세로 다스리며 자기 마음대로 행하리라."**

'한 능력 있는 왕' 은 헬라(그리스)의 왕입니다. 표준새번역 성경은 이 구절을 이렇게 번역했습니다. "그러나 그리스에서는 용감한 왕이 일어나서, 큰 권력을 쥐고 다스리면서, 자기 마음대로 할 것이다." 이 왕이 누구일까요? 그리스의 알렉산더 대왕(336-323 BC)입니다. 알렉산더는 20대 초반의 젊은 나이에 세계를 정복해 나가기 시작해서 큰 제국을 이루는데 32세의 젊은 나이로 죽고 맙니다. 죽은 이유는 알코올 합병증과 말라리아 때문이라고 합니다.

4절에 그에 대한 설명이 계속 나옵니다. **"그러나 그가 강성할 때에 그의 나라가 갈라져 천하 사방에 나누일 것이나 그의 자손에게로 돌아가지도 아니할 것이요 또 자기가 주장하던 권세대로도 되지 아니하리니 이는 그 나라**

가 뽑혀서 그 외의 다른 사람들에게로 돌아갈 것임이라."

'그의 나라가 갈라져 천하 사방에 나누일 것' 이라고 한 것은 알렉산더가 죽고 난 뒤에 그의 나라가 넷으로 나누어지는 것을 말합니다. 다니엘서 8장 8절에는 알렉산더에 대해 이렇게 기록되어 있습니다. **"숫염소가 스스로 심히 강대하여 가더니 강성할 때에 그 큰 뿔이 꺾이고 그 대신에 현저한 뿔 넷이 하늘 사방을 향하여 났더라."**

이 말씀에 대한 설명은 다니엘서 8장 21-22절에 나옵니다. **"털이 많은 숫염소는 곧 헬라 왕이요 그의 두 눈 사이에 있는 큰 뿔은 곧 그 첫째 왕이요 이 뿔이 꺾이고 그 대신에 네 뿔이 났은즉 그 나라 가운데에서 네 나라가 일어나되 그의 권세만 못하리라."**

큰 뿔이 꺾이고 그 자리에 대신 나오는 '네 뿔' 은 알렉산더가 죽고 난 뒤에 그의 나라를 나눠 갖게 될 네 장군을 뜻합니다. 네 장군의 이름은 셀루쿠스(Seleucus), 프톨레미(Ptolemy), 카산더(Cassander), 리시마쿠스(Lysimacus)입니다. 네 사람 중에서 두 사람의 이름은 기억해야 하는데 셀루쿠스와 프톨레미입니다. 프톨레미는 톨레미로 발음하기도 합니다. 두 사람을 기억해야 하는 이유는 셀루쿠스는 시리아 지역을, 톨레미는 이집트 지역을 다스릴 왕이 되기 때문입니다. 본문 5절 이하의 내용은 남방 왕과 북방 왕이 전쟁하는 내용인데, '남방' 은 톨레미 왕조가 다스리는 이집트이고 '북방' 은 셀루쿠스 왕조가 다스리는 시리아입니다.

이제 남방 왕과 북방 왕이 전쟁하는 내용을 보겠습니다. 5절입니다. **"남방의 왕들은 강할 것이나 그 군주들 중 하나는 그보다 강하여 권세를 떨치리니 그의 권세가 심히 클 것이요."**

'남방의 왕들' 은 '남방의 왕' 으로 번역을 바꾸어야 합니다. '남방 왕' 은 이집트를 다스리게 될 톨레미 1세입니다. '그 군주들 중 하나' 는 시리아를 다스리게 될 셀루쿠스 1세입니다. '그(셀루쿠스 1세)의 권세는 심히 클 것' 이라고 했는데 이는 그의 나라가 네 나라 중에서 가장 큰 영토를 차지할 것이기 때문입니다. 그의 영토는 시리아뿐 아니라 오늘날의 이라크, 이란, 아프가니스탄, 파키스탄도 포함했습니다.

6절을 보겠습니다. **"몇 해 후에 그들이 서로 단합하리니 곧 남방 왕의 딸이 북방 왕에게 가서 화친하리라 그러나 그 공주의 힘이 쇠하고 그 왕은 서지도 못하며 권세가 없어질 뿐 아니라 그 공주와 그를 데리고 온 자와 그를 낳은 자와 그 때에 도와주던 자가 다 버림을 당하리라."**

여기서 '남방 왕' 은 애굽의 톨레미 2세, '북방 왕' 은 시리아의 안티오쿠스 2세입니다. 안티오쿠스도 셀루쿠스 왕조의 사람입니다. 톨레미 2세는 자기 딸을 안티오쿠스 2세에게 아내로 줌으로 화친을 합니다. 톨레미 2세의 딸 이름은 베레니스(Berenice)인데 이 여자는 안티오쿠스 2세의 전(前) 부인에게 죽임을 당합니다. 안티오쿠스 2세 자신도 죽임을 당하고 베레니스와의 사이에서 태어난 아들도 죽임을 당합니다. 그것이 6절의 내용입니다.

7-8절을 보겠습니다. **"그러나 그 공주의 본 족속에게서 난 자 중의 한 사람이 왕위를 이어 권세를 받아 북방 왕의 군대를 치러 와서 그의 성에 들어가서 그들을 쳐서 이기고 그 신들과 부어 만든 우상들과 은과 금의 아름다운 그릇들은 다 노략하여 애굽으로 가져갈 것이요 몇 해 동안은 그가 북방 왕을**

치지 아니하리라."

이 말씀은 베레니스의 남자형제인 톨레미 3세가 베레니스의 일로 인하여 시리아를 쳐들어가서 복수하는 내용입니다. 시리아를 쳐들어가서 이기고, 귀한 물건들을 애굽으로 가져옵니다.

9절을 보겠습니다. **"북방 왕이 남방 왕의 왕국으로 쳐들어갈 것이나 자기 본국으로 물러가리라."** 이번에는 시리아 왕이 애굽으로 쳐들어갑니다. 시리아 왕은 셀루쿠스 2세로 애굽의 공주 베레니스를 죽인 여자의 아들입니다.

10절을 보겠습니다. **"그러나 그의 아들들이 전쟁을 준비하고 심히 많은 군대를 모아서 물이 넘침 같이 나아올 것이며 그가 또 와서 남방 왕의 견고한 성까지 칠 것이요."**

'그의 아들들'은 시리아의 셀루쿠스 2세의 아들들인 셀루쿠스 3세와 안티오쿠스 3세입니다. 이들이 애굽을 친다는 말씀입니다.

11-13절을 보겠습니다. **"남방 왕은 크게 노하여 나와서 북방 왕과 싸울 것이라 북방 왕이 큰 무리를 일으킬 것이나 그 무리는 그의 손에 넘겨 준 바 되리라 그가 큰 무리를 사로잡은 후에 그의 마음이 스스로 높아져서 수만 명을 엎드러뜨릴 것이나 그 세력은 더하지 못할 것이요 북방 왕은 돌아가서 다시 군대를 전보다 더 많이 준비하였다가 몇 때 곧 몇 해 후에 대군과 많은 물건을 거느리고 오리라."**

'남방 왕'은 애굽의 톨레미 4세, '북방 왕'은 시리아의 안티오쿠스 3

세인데 두 사람이 전쟁을 하여 남방 왕이 이깁니다. 기원전 217년에 라피아(Raphia)에서 일었던 일을 예언한 말씀입니다.

14절을 보겠습니다. **"그 때에 여러 사람이 일어나서 남방 왕을 칠 것이요 네 백성 중에서도 포악한 자가 스스로 높아져서 환상을 이루려 할 것이나 그들이 도리어 걸려 넘어지리라."**

'네 백성'은 다니엘의 백성인 이스라엘 백성을 말하고, '포악한 자'는 이스라엘의 극렬분자들을 말합니다. 이들이 이스라엘의 독립을 위해 싸워보지만 뜻을 이루지는 못합니다.

15-16절입니다. **"이에 북방 왕은 와서 토성을 쌓고 견고한 성읍을 점령할 것이요 남방 군대는 그를 당할 수 없으며 또 그가 택한 군대라도 그를 당할 힘이 없을 것이므로 오직 와서 치는 자가 자기 마음대로 행하리니 그를 당할 사람이 없겠고 그는 영화로운 땅에 설 것이요 그의 손에는 멸망이 있으리라."**

북방 왕이 남방(애굽)을 치는데 남방 왕은 그를 당할 수 없습니다. 북방 왕은 시리아의 안티오쿠스 3세입니다. 북방 왕이 남방의 '견고한 성읍을 점령할 것'이라고 했는데 이는 안티오쿠스 3세가 기원전 203년에 시돈을 점령한 것을 말합니다. 북방 왕이 '영화로운 땅에 설 것'이라고 했는데 이것은 시리아의 안티오쿠스 3세가 기원전 197년에 이스라엘을 정복한 것을 말합니다.

17절을 보겠습니다. **"그가 결심하고 전국의 힘을 다하여 이르렀다가 그**

와 화친할 것이요 또 여자의 딸을 그에게 주어 그의 나라를 망하게 하려 할 것이나 이루지 못하리니 그에게 무익하리라."

북방 왕과 남방 왕이 화친하는 내용인데 표준새번역 성경은 이 구절을 이렇게 번역했습니다. "북쪽 왕은 자기 나라의 군사력을 이용하여 남쪽 왕과 화친할 것이며, 남쪽 왕에게 딸을 주어 그 왕국을 멸망시키려고 할 것이다. 그러나 그 일은 이루어지지 않고 그에게 도움도 되지 못할 것이다."

시리아의 안티오쿠스 3세가 기원전 194년에 그의 딸을 애굽의 톨레미 5세에게 아내로 주었는데 그렇게 한 목적은 자기 딸을 스파이처럼 사용하여 남방 왕을 망하게 하기 위함이었습니다. 그런데 그 일이 뜻대로 되지 않았습니다. 왜냐하면 안티오쿠스 3세의 딸이 톨레미 5세와 결혼을 했는데 자기 아버지보다 남편을 더 좋아했기 때문입니다. 안티오쿠스 3세의 작전은 어리석었습니다.

18-19절입니다. **"그 후에 그가 그의 얼굴을 바닷가로 돌려 많이 점령할 것이나 한 장군이 나타나 그의 정복을 그치게 하고 그 수치를 그에게로 돌릴 것이므로 그가 드디어 그 얼굴을 돌려 자기 땅 산성들로 향할 것이나 거쳐 넘어지고 다시는 보이지 아니하리라."**

'그' 는 시리아의 안티오쿠스 3세입니다. "그의 얼굴을 바닷가로 돌려 많이 점령할 것" 이라고 한 것은 안티오쿠스 3세가 소아시아 지역(오늘날의 터키 지역)을 점령하고, 나아가서는 그리스 지역까지 점령하려고 한 것을 말합니다. 그러나 "한 장군이 나타나 그의 점령을 그치게 한다" 고 했는데 이것은 로마 장군 루시어스 코넬리우스 스키피오(Lucius Cornelius

Scipio)가 소아시아의 마그네시아(Magnesia)라는 곳에서 안티오쿠스 3세를 물리친 것을 말합니다. 기원전 190년에 있었던 일입니다.

본문에 기록된 예언의 내용을 보니 정말 자세하지 않습니까? 이런 이유 때문에 이 말씀을 예언으로 보지 않고, 이미 이루어진 일을 기록한 것으로 보는 사람들이 있습니다. 그러나 본문의 내용은 장차 일어날 일을 하나님께서 가브리엘 천사를 통하여 다니엘에게 보여주신 것입니다. 시리아와 애굽 간에 있을 일에 대해서 알려주신 이유는 이스라엘이 두 나라 사이에 끼어 있었기 때문입니다. 그리고 안티오쿠스 3세 다음다음에 왕이 될 사람이 안티오쿠스 4세인데 이 사람이 세상 끝날에 나타날 적그리스도의 모형이 되는 사람입니다. 이 사람에 대해서는 다니엘서 11장 20절 이하에 나옵니다.

본문을 통해 한 가지 확실하게 알 수 있는 것은 성경은 하나님의 말씀이고 진리의 책이라는 것입니다. 성경이 하나님의 말씀이 아니라면 어떻게 장차 될 일을 이렇게 자세하고 정확하게 기록할 수 있겠습니까! 성경은 하나님의 말씀이 틀림없습니다. 그래서 우리는 성경을 공부해야 하고, 성경을 알아야 하는 것입니다. 성경에는 사람이 알아야 할 모든 것이 기록되어 있습니다. 디모데후서 3장 16-17절은 성경에 대해 이렇게 말합니다. **"모든 성경은 하나님의 감동으로 된 것으로 교훈과 책망과 바르게 함과 의로 교육하기에 유익하니 이는 하나님의 사람으로 온전하게 하며 모든 선한 일을 행할 능력을 갖추게 하려 함이라."**

14. 북방의 악한 왕

(단 11:20-35)

다니엘서 11장 앞부분(2-19절)에는 남방 왕과 북방 왕이 싸우는 내용이 기록되어 있습니다. 남방 왕은 애굽 왕이고 북방 왕은 시리아(아람) 왕입니다. 남방 왕조의 첫 번째 왕은 톨레미이며 북방 왕조의 첫 번째 왕은 셀루쿠스입니다. 두 사람 다 알렉산더 대왕의 장군이었습니다.

본문은 앞에서 계속 이어지는 내용입니다. 어떤 내용이 기록되어 있는지 살펴보겠습니다.

먼저 20절입니다. **"왕위를 이을 자가 압제자를 그 나라의 아름다운 곳으로 두루 다니게 할 것이나 그는 분노함이나 싸움이 없이 몇 날이 못 되어 망할 것이요."**

이 말씀은 시리아의 셀루쿠스 4세에 대한 말씀입니다. 이 사람은 세금을 많이 거둔 것으로 유명합니다. **"압제자를 그 나라의 아름다운 곳으로 두루 다니게 할 것"**이라고 했는데 '압제자'는 셀루쿠스의 재무장관 헬리오도루스(Heliodorus)이고, '그 나라의 아름다운 곳'은 이스라엘이라고 생각됩니다. 왜 셀루쿠스가 재무장관을 '그 나라의 아름다운 곳으로 두루 다니게' 했는가 하면 세금을 걷기 위함이었습니다. 셀루쿠스가 '분노함이나 싸움이 없이 몇 날이 못 되어 망할 것'이라고 한 것은 그가 독살될 것을 예언한 말씀입니다.

21절을 보겠습니다. **"또 그의 왕위를 이을 자는 한 비천한 사람이라 나라의 영광을 그에게 주지 아니할 것이나 그가 평안한 때를 타서 속임수로 그 나라를 얻을 것이며."**

21-35절은 시리아의 안티오쿠스 4세(Antiochus IV, 175-164 BC)에 대한 말씀입니다. 이 사람은 안티오쿠스 에피파네스(Epiphanes)라는 이름으로 불리어지기도 했습니다. '에피파네스'는 '영광스러운 사람, 걸출한 사람'이라는 뜻인데 자기 스스로 붙인 이름입니다. 그런데 사람들은 그를 에피마네스(Epimanes)라고 불렀습니다. '미친 사람'이라는 뜻입니다. 가브리엘 천사는 그를 '비천한 사람'이라고 했습니다. 표준새번역 성경과 NASB 영어성경은 '비열한 사람'으로 번역했는데 그가 비열한 사람인 이유는 '속임수'를 써서 왕이 되었기 때문입니다(21b절). 원래는 자기 조카가 왕이 되어야 하는데 어린 조카를 밀어내고 자기가 왕이 되었습니다.

22절입니다. **"넘치는 물 같은 군대가 그에게 넘침으로 말미암아 패할 것**

이요 동맹한 왕도 그렇게 될 것이며."

애굽의 군대가 안티오쿠스에게 패할 것을 말씀하고 있습니다. "동맹한 왕도 그렇게 될 것"이라고 했는데, 동맹한 왕은 당시 대제사장이었던 오니아스(Onias) 3세라고 생각됩니다. 오니아스 제사장은 안티오쿠스의 지시에 의해 살해되었는데 그것을 예언한 말씀이라고 생각됩니다. 이 일은 기원전 170년에 있었습니다.

23절을 보겠습니다. **"그와 약조한 후에 그는 거짓을 행하여 올라올 것이요 소수의 백성을 가지고 세력을 얻을 것이며."**

안티오쿠스가 속임수를 써가며 힘을 키워갈 것을 보여주는 말씀입니다. 북한의 김정은이 지금 미국과 세계를 속여가면서 핵개발에 열중인데 그런 김정은을 생각하면 안티오쿠스라는 인물이 조금 더 잘 이해될 것입니다.

24절입니다. **"그가 평안한 때에 그 지방의 가장 기름진 곳에 들어와서 그의 조상들과 조상들의 조상이 행하지 못하던 것을 행할 것이요 그는 노략하고 탈취한 재물을 무리에게 흩어 주며 계략을 세워 얼마 동안 산성들을 칠 것인데 때가 이르기까지 그리하리라."**

안티오쿠스가 애굽을 쳐들어와서 노략하고 탈취할 것을 말씀한 내용입니다. '그 지방의 가장 기름진 곳'은 애굽에서 가장 기름지고 부유한 곳을 말합니다. 안티오쿠스가 노략하고 탈취한 것을 자기 사람들에게 나누어준다고 했습니다. 그래야 자기의 권력을 유지할 수 있기 때문입니다. 독재자들이 주로 쓰는 방법입니다. 언제까지 그렇게 하는가 하면 '때가 이르기까지' 그렇게 한다고 했습니다. 표준새번역 성경은 "때가 이르기까지 그렇게 한다"는 말을 "그의 통치 기간은 얼마 되지 않을 것이다"라고 번역했습니다. 안티오쿠스는 11년 정도 통치했으니 통치 기간이 길지 않았습니다.

25절을 보겠습니다. **"그가 그의 힘을 떨치며 용기를 다하여 큰 군대를 거느리고 남방 왕을 칠 것이요 남방 왕도 심히 크고 강한 군대를 거느리고 맞아 싸울 것이나 능히 당하지 못하리니 이는 그들이 계략을 세워 그를 침이니라."**

안티오쿠스의 군대가 '남방 왕' 즉 애굽을 치는 내용입니다. 안티오쿠스가 애굽을 칠 때 애굽이 당해 내지를 못합니다. 이유는 안티오쿠스의 군대는 '계략을 세워' 애굽을 치기 때문입니다.

26절입니다. **"그의 음식을 먹는 자들이 그를 멸하리니 그의 군대가 흩어질 것이요 많은 사람이 엎드러져 죽으리라."** 애굽 왕의 신하들이 애굽 왕을 망하게 할 것이고 많은 사람을 죽게 할 것이라는 말씀입니다.

27절을 계속 보겠습니다. **"이 두 왕이 마음에 서로 해하고자 하여 한 밥상에 앉았을 때에 거짓말을 할 것이라 일이 형통하지 못하리니 이는 아직 때가 이르지 아니하였으므로 그 일이 이루어지지 아니할 것임이니라."**

애굽 왕과 시리아 왕이 협상을 하는데 서로 거짓말을 합니다. 거짓말을 하지만 자신들의 목적을 이루지는 못합니다.

28절입니다. **"북방 왕은 많은 재물을 가지고 본국으로 돌아가리니 그는 마음으로 거룩한 언약을 거스르며 자기 마음대로 행하고 본토로 돌아갈 것이며."**

북방 왕 안티오쿠스는 자기 나라로 돌아가면서 "거룩한 언약을 거스르며 자기 마음대로" 할 것이라고 했습니다. '거룩한 언약' 은 하나님께서 이스라엘 백성들에게 하신 언약인데, 여기서는 하나님의 말씀 또는 이스라엘을 지칭하는 표현이라고 할 수 있습니다. 이 사람이 자기 마음대로 성전 기물들을 약탈하고 수많은 이스라엘 사람들을 죽입니다. 이 내용은 외경 마카비전서 1장 20-28에 잘 기록되어 있습니다. 지난번에 미국에 갔을 때 서점에서 1611년 킹제임스 성경에 포함되어 있던 외경을 따로 모아놓은 책을 발견하고는 사 왔는데 거기에 그런 내용들이 기록되어 있는 것을 확인할 수 있었습니다.

29-30a절을 보겠습니다. **"작정된 기한에 그가 다시 나와서 남방에 이를 것이나 이번이 그 전번만 못하리니 이는 깃딤의 배들이 이르러 그를 칠 것임이라."**

안티오쿠스가 또 애굽을 치는데 이번에는 재미를 못 봅니다. 왜냐하면 "깃딤의 배들이 이르러 그를 칠 것"이기 때문입니다. 깃딤은 사도행전에 나오는 구브로(키프로스)의 옛 이름이고, '배들' 은 로마의 배들을 말합니다. 이 일은 기원전 168년에 있었고 이 작전을 지휘한 로마의 책임자는 포피리우스 라에나스(Popilius Laenas)입니다.

30b-31절을 보겠습니다. **"그가 낙심하고 돌아가면서 맺은 거룩한 언약**

에 분노하였고 자기 땅에 돌아가서는 맺은 거룩한 언약을 배반하는 자들을 살필 것이며 군대는 그의 편에 서서 성소 곧 견고한 곳을 더럽히며 매일 드리는 제사를 폐하며 멸망하게 하는 가증한 것을 세울 것이며."

안티오쿠스는 로마에게 밀려 자기 나라로 돌아가면서 그 분풀이를 이스라엘에게 합니다(30b절). **"자기 땅에 돌아가서는 맺은 거룩한 언약을 배반하는 자들을 살필 것"**(30c절)이라고 했는데 이는 안티오쿠스가 이스라엘의 유대교 변절자들에게 잘해줄 것이고 그들과 손을 잡을 것이라는 말입니다. **"군대는 그의 편에 서서 성소 곧 견고한 곳을 더럽히며 매일 드리는 제사를 폐하며 멸망하게 하는 가증한 것을 세울 것"**이라고 했는데 이 말은 안티오쿠스가 아폴로니우스(Apollonius) 장군과 22,000명의 군사를 이스라엘에 보냄으로 이루어지게 됩니다. '멸망하게 하는 가증한 것' 은 성전에 세워질 제우스 신상을 말합니다. 이 일은 기원전 168년에 이루어졌습니다. 안티오쿠스의 군인들이 한 일에 대해서는 외경 마카비전서 1장에 잘 기록되어 있습니다. 그들은 번제단 위에 제우스 신의 제단을 두고 그 위에서 돼지를 잡아 제물로 바쳤습니다. 이스라엘 사람들로 하여금 절기를 지키지 못하게 했고 할례를 행하지 못하게 했습니다. 그 지시를 따르지 않으면 가차 없이 죽였습니다.

32절입니다. **"그가 또 언약을 배반하고 악행하는 자를 속임수로 타락시킬 것이나 오직 자기의 하나님을 아는 백성은 강하여 용맹을 떨치리라."**

표준새번역 성경은 이 구절을 이렇게 번역했습니다. "그는 속임수를 써서, 언약을 거역하여 악한 짓을 하는 자들의 지지를 받을 것이지만, 하나님을 아는 백성은 용기 있게 버티어 나갈 것이다."

우리나라가 일제 치하에 있을 때 우리나라 사람들 중에는 일본의 앞잡이 노릇을 한 사람들도 있었고 독립운동을 한 사람들도 있었습니다. 안티오쿠스가 통치하던 시절, 이스라엘도 비슷했습니다. 용기 있게 안티오쿠스에 저항했던 사람들 중의 한 사람이 유다 마카비(Judas Maccabeus)였습니다. 그는 의병을 일으켜 저항했고 로마의 도움을 받아 결국 안티오쿠스의 군인들을 성전에서 몰아냈습니다. 그러고는 성전을 정결하게 했는데 그날을 유대인들은 오늘날에도 기념하고 있습니다. 요한복음 10장 22절에 나오는 '수전절' 이 그날인데 '성전 봉헌절' 이라 하기도 합니다. 유대인들은 이날을 '하누카' 라고 합니다. 하누카는 성탄절 즈음이라 예수님을 믿지 않는 유대인들은 성탄절 대신 하누카를 지킵니다.

33절을 보겠습니다. **"백성 중에 지혜로운 자들이 많은 사람을 가르칠 것이나 그들이 칼날과 불꽃과 사로잡힘과 약탈을 당하여 여러 날 동안 몰락하리라."**

안티오쿠스에 저항했던 이스라엘 사람들이 죽임을 당했는데 어떤 사람들은 칼에 베어서 죽었고, 어떤 사람들은 불에 타서 죽었습니다. 그렇게 될 것을 예언한 말씀입니다.

34절을 보겠습니다. **"그들이 몰락할 때에 도움을 조금 얻을 것이나 많은 사람들이 속임수로 그들과 결합할 것이며."**

안티오쿠스에 저항하던 사람들이 죽어갈 때 "도움을 조금 얻을 것"이라고 했는데 이 말의 의미가 무엇일까요? 저항운동이 성공해가고 있다는 소식을 그들이 듣게 된 것이 아닐까 생각합니다. 저항운동은 맛다디아스

(Mattathias) 제사장과 그의 다섯 아들이 주도했는데 다섯 아들 중의 하나가 유다 마카비(Judas Maccabeus)입니다. 유다 마카비는 기원전 164년에 로마의 도움을 받아 시리안 군인들을 성전에서 몰아냈습니다.

35절을 보겠습니다. **"또 그들 중 지혜로운 자 몇 사람이 몰락하여 무리 중에서 연단을 받아 정결하게 되며 희게 되어 마지막 때까지 이르게 하리니 이는 아직 정한 기한이 남았음이라."**

믿음을 지키려는 몇 사람이 죽게 되고 그 일을 통해 다른 사람들이 정결하게 되고 끝까지 깨끗하게 남을 것이라 했습니다. 이 말씀을 표준새번역 성경은 이렇게 번역했습니다. "또한 지혜 있는 지도자들 가운데 얼마가 학살을 당할 것인데, 이 일로 백성은 단련을 받고, 순결하게 되며, 끝까지 깨끗하게 남을 것이다. 하나님이 정하신 그 끝 날이 올 때까지, 이런 일이 계속될 것이다."

이 예언의 말씀이 이루어져서 이스라엘의 역사는 고난의 역사가 되었습니다. 서기 70년에 로마 제국에 의해 멸망할 때도 수많은 이스라엘 사람들이 죽었고, 중세에도 수많은 유대인들이 죽었으며 근세에 이르러는 히틀러에 의해 600만 명이 희생되었습니다.

그리스도인의 삶도 고난의 삶이기는 마찬가지입니다. 사도행전 14장 22b절은 말하기를 **"우리가 하나님의 나라에 들어가려면 많은 환난을 겪어야 할 것이라"**고 했습니다. 그리고 고난을 통해 하나님의 사람들은 성숙해지고 정결하게 되는 것입니다. 베드로전서 5장 10절은 이렇게 말합니다. **"모든 은혜의 하나님 곧 그리스도 안에서 너희를 부르사 자기의 영원한 영광에 들어가게 하신 이가 잠깐 고난을 당한 너희를 친히 온전하게 하시며 굳**

건하게 하시며 강하게 하시며 터를 견고하게 하시리라."

본문을 통해 안티오쿠스 4세 에피파네스에 대해 알아보았습니다. 이 사람에 대해서는 다니엘서 8장 9-14절에도 예언되어 있는데 성경이 이 사람에 대해 이렇게 자세하게 기록한 이유가 무엇일까요? 그것은 이 사람이 7년 대환난 기간 중에 나타날 적그리스도의 모형이기 때문입니다. 적그리스도에 대해서는 본문 다음 구절 이하에 자세하게 기록되어 있습니다.

성경이 안티오쿠스라는 한 사람에 대해 이렇게 자세하게 기록하고 있는 것을 보아도 성경이 정말 놀라운 책이라는 생각이 듭니다. 다니엘이 가브리엘 천사로부터 본문의 내용을 들었을 때는 안티오쿠스가 태어나기 수백 년 전이었습니다. 그런데도 그 내용이 마치 일어난 일을 보고 기록한 것처럼 생생하고 정확합니다. 이런 것만 봐도 성경이 하나님의 말씀인 것을 알 수 있습니다.

성경에 기록된 대부분의 예언은 이미 이루어졌고, 예수님의 재림에 관한 것만 아직 이루어지지 않았습니다. 그 예언도 결국 이루어질 것이며 7년 대환난 기간 중에 적그리스도가 나타날 것이라는 예언도 이루어질 것입니다. 주님의 재림이 머지않은 이 때에 더 신앙생활을 잘하는 우리가 됩시다.

15. 세상 끝날에 나타날 왕
(단 11:36-12:1)

본문은 세상 끝날에 나타날 적그리스도에 대한 말씀입니다. 성경이 말하는 세상 끝날의 일은 예수님의 공중 재림으로 시작됩니다. 예수님께서 공중으로 재림하시면 구원받은 성도는 공중으로 들림 받습니다. 그리고 이 땅에서는 7년 대환난이 시작됩니다. 7년 대환난에 대해서 예수님은 이렇게 말씀하셨습니다. **"이는 그 때에 큰 환난이 있겠음이라 창세로부터 지금까지 이런 환난이 없었고 후에도 없으리라"**(마 24:21).

창세로부터 지금까지 없었던 큰 환난을 우리는 7년 대환난이라고 합니다. 환난의 기간이 7년인 것은 다니엘서 9장 27절을 통해 알 수 있습니다. **"그가 장차 많은 사람들과 더불어 한 이레 동안의 언약을 굳게 맺고 그가 그 이레의 절반에 제사와 예물을 금지할 것이며 또 포악하여 가증한 것이 날개**

를 의지하여 설 것이며 또 이미 정한 종말까지 진노가 황폐하게 하는 자에게 쏟아지리라."

'한 이레'는 7년을 말합니다. '그'는 적그리스도입니다. 적그리스도는 7년 대환난이 시작될 때 등장합니다. 처음에는 이스라엘 사람들에게 잘해주는 것처럼 하다가 7년 대환난 중간시점에 자신의 본색을 드러내면서 이스라엘 사람들을 핍박하기 시작합니다. 하나님께 드리는 제사를 못 드리게 하고, 하나님의 성전에 자기의 우상을 세웁니다. **"가증한 것이 날개를 의지하여 설 것"**이라고 했는데 '가증한 것'이 적그리스도의 우상입니다. 적그리스도에 대해 데살로니가후서 2장 4절은 이렇게 말합니다. **"그는 대적하는 자라 신이라고 불리는 모든 것과 숭배함을 받는 것에 대항하여 그 위에 자기를 높이고 하나님의 성전에 앉아 자기를 하나님이라고 내세우느니라."**

요한계시록 13장 15절은 적그리스도에 대해 이렇게 기록하고 있습니다. **"그가 권세를 받아 그 짐승의 우상에게 생기를 주어 그 짐승의 우상으로 말하게 하고 또 짐승의 우상에게 경배하지 아니하는 자는 몇이든지 다 죽이게 하더라."**

여기서 말하는 '짐승'이 적그리스도입니다. 적그리스도에 대해 다니엘서 7장 25절은 이렇게 기록하고 있습니다. **"그가 장차 지극히 높으신 이를 말로 대적하며 또 지극히 높으신 이의 성도를 괴롭게 할 것이며 그가 또 때와 법을 고치고자 할 것이며 성도들은 그의 손에 붙인 바 되어 한 때와 두 때와 반 때를 지내리라."**

'한 때와 두 때와 반 때'는 3년 반을 말하는데 적그리스도는 7년 대환난 기간 중에서 후반 3년 반 동안 '성도'를 괴롭게 할 것이라고 했습니다.

'성도' 는 7년 대환난 기간 중에 구원받을 사람들인데 주로 이스라엘 사람들입니다.

본문도 적그리스도에 대한 말씀입니다. 본문 36절을 보겠습니다. **"그 왕은 자기 마음대로 행하며 스스로 높여 모든 신보다 크다 하며 비상한 말로 신들의 신을 대적하며 형통하기를 분노하심이 그칠 때까지 하리니 이는 그 작정된 일을 반드시 이룰 것임이라."**

'그 왕' 은 적그리스도입니다. 그 왕이 적그리스도인 것을 어떻게 알 수 있습니까? 본문의 문맥을 생각하면 그 왕을 안티오쿠스 에피파네스로 보는 것이 맞습니다. 왜냐하면 본문 앞에 안티오쿠스 에피파네스에 대한 말씀이 기록되어 있기 때문입니다. 그런데 문제는 36절 이하에 기록된 말씀이 안티오쿠스 에피파네스와 맞지 않는다는 것입니다. 그리고 본문 12장 1절은 7년 대환난에 대한 말씀이라는 것입니다. **"그 때에 네 민족을 호위하는 큰 군주 미가엘이 일어날 것이요 또 환난이 있으리니 이는 개국 이래로 그 때까지 없던 환난일 것이며 그 때에 네 백성 중 책에 기록된 모든 자가 구원을 받을 것이라"**(단 12:1).

여기서 '환난' 은 7년 대환난을 말합니다. '이는 개국 이래로 그때까지 없던 환난' 과 예수님께서 말씀하신 '창세로부터 지금까지 없었던 환난' (마 24:21)이 같은 환난인 것을 감안하면 그것을 알 수 있습니다. 이런 것을 생각해볼 때 본문은 7년 대환난 기간에 나타날 적그리스도에 대한 말씀인 것을 알 수 있습니다. 가까운 장래에 나타날 안티오쿠스 에피파네스에 대해 예언을 하다가 더 먼 훗날에 나타날 적그리스도에 대해 예언하는 방식의 예언을 '이중 예언' 이라고 합니다.

이제 본문의 내용을 살펴보겠습니다. 36절입니다. **"그 왕은 자기 마음대로 행하며 스스로 높여 모든 신보다 크다 하며 비상한 말로 신들의 신을 대적하며 형통하기를 분노하심이 그칠 때까지 하리니 이는 그 작정된 일을 반드시 이룰 것임이라."**

'신들의 신' 은 하나님을 말하는데 이 사람은 하나님을 대적한다고 했습니다. 36절 끝부분이 이해하기 조금 어려운데 공동번역 성경으로 읽으면 쉽게 이해할 수 있습니다. "그는 모든 신을 눈 아래 두고 업신여기며 거만해져서 무슨 짓이든지 다 할 것이다. 지극히 높으신 하나님마저 업신여기고 큰소리를 치며 멋대로 굴다가 마침내는 하나님의 진노를 받아 망할 것이다. 하나님께서 정하신 일이니 기어이 이루어지리라."

하나님의 때가 될 때까지는 그를 내버려 두시겠지만 결국 하나님께서 그를 멸망시키신다는 말씀입니다.

37절을 보겠습니다. **"그가 모든 것보다 스스로 크다 하고 그의 조상들의 신들과 여자들이 흠모하는 것을 돌아보지 아니하며 어떤 신도 돌아보지 아니하고."**

'그의 조상들의 신들' 이라는 표현에서 '신들(gods)' 은 히브리어로 엘로힘입니다. 엘로힘은 '하나님(God)' 으로도 번역이 가능하고 '신들(gods)' 로도 번역이 가능합니다. 킹제임스 영어성경은 'God(하나님)' 으로 번역을 했는데 이런 이유 때문에 어떤 사람들은 적그리스도가 유대인일 것으로 생각합니다. 그런데 꼭 그렇게 생각할 필요는 없습니다.

성경은 적그리스도가 어느 나라에서 나올 것인가는 말하고 있는데, 어느 나라에서 나오는가 하면 신흥로마제국에서 나옵니다. 다니엘서 7장

7-8절을 보면 알 수 있습니다. EU(유럽연합)가 신흥로마제국이라면 적그리스도는 EU에서 나올 것입니다.

'여자들이 흠모하는 것'은 바벨론의 담무스 신이라고 생각됩니다. 에스겔서 8장 14절에 이런 말씀이 있습니다. **"그가 또 나를 데리고 여호와의 전으로 들어가는 북문에 이르시기로 보니 거기에 여인들이 앉아 담무스를 위하여 애곡하더라."**

담무스는 바벨론 사람들이 섬기던 신인데 여자들이 담무스를 위하여 애곡한다고 했습니다. 그런데 적그리스도는 그 어떤 신도 돌아보지 아니할 것이라고 말씀합니다.

38절을 보겠습니다. **"그 대신에 강한 신을 공경할 것이요 또 그의 조상들이 알지 못하던 신에게 금 은 보석과 보물을 드려 공경할 것이며."**

적그리스도가 섬길 신은 '강한 신'입니다. '강한 신'의 원어적 의미는 '요새의 신' 또는 '요새를 지키는 신'입니다. 이 신이 어떤 신일까요? 이 신은 군사력을 의미한다고 생각됩니다. 북한의 김정은이 믿는 신도 이 신이라고 할 수 있습니다. 김정은이 계속 미사일을 만들고 핵무기에 집착하는 이유가 무엇이겠습니까? 군사력만 강하면 된다고 생각하기 때문입니다. 강한 군사력이 자기를 지켜줄 것이라고 믿기 때문입니다.

또한 **"그의 조상들이 알지 못하던 신에게 금 은 보석과 보물을 드려 공경할 것"**이라고 했습니다. 그의 조상들이 알지 못하던 신은 사탄이라고 생각됩니다. 요한계시록 13장 2절을 보면 사탄이 적그리스도에게 **"자기의 능력과 보좌와 큰 권세를 그에게 주었다"**고 했습니다. 그러니 그가 사탄을 숭배하지 않을 수 없습니다. 오늘날에도 사탄을 숭배하는 사람들이 있는데, 사탄에게 예배드리는 사탄교회가 미국에 실제로 있습니다.

39절을 보겠습니다. **"그는 이방신을 힘입어 크게 견고한 산성들을 점령할 것이요 무릇 그를 안다 하는 자에게는 영광을 더하여 여러 백성을 다스리게도 하며 그에게서 뇌물을 받고 땅을 나눠 주기도 하리라."**

적그리스도는 자기의 군사력을 이용하여 견고한 성읍들을 점령합니다. 자기에게 충성하는 사람들에게 권력을 나눠주고 땅도 나눠줍니다. 땅을 나눠준다고 한 것을 보면 적그리스도는 공산주의 나라에서 하는 것처럼 토지를 적그리스도(또는 그의 정부)가 소유하고 관리할 것으로 보입니다. 우리나라 정치인들 중에 '토지공개념' 운운하는 사람들이 있는데 그들의 생각이 사회주의나 공산주의에 닿아있지 않기를 바랍니다.

40-41절을 보겠습니다. **"마지막 때에 남방 왕이 그와 힘을 겨룰 것이나 북방 왕이 병거와 마병과 많은 배로 회오리바람처럼 그에게로 마주 와서 그 여러 나라에 침공하여 물이 넘침 같이 지나갈 것이요 그가 또 영화로운 땅에 들어갈 것이요 많은 나라를 패망하게 할 것이나 오직 에돔과 모압과 암몬 자손의 지도자들은 그의 손에서 벗어나리라."**

이 말씀에 대해서는 두 가지로 이해가 가능합니다. 남방 왕과 북방 왕이 적그리스도를 공격하는 것으로 이해할 수도 있고, 남방 왕이 북방 왕인 적그리스도와 전쟁하는 것으로 이해할 수도 있습니다. 둘 중에 하나가 맞는데 어느 것이 맞을까요? 제 생각에는 두 번째 것, 즉 남방 왕과 북방 왕인 적그리스도가 전쟁하는 것이 40-41절의 내용이라고 생각합니다.

남방 왕과 북방 왕인 적그리스도가 전쟁을 하는데 누가 이깁니까? 북방 왕인 적그리스도가 이깁니다. 41절을 보면 북방 왕(적그리스도)이 **"영화로운 땅에 들어갈 것이요 많은 나라를 패망하게 할 것"**이라고 했습니다. '영화로운 땅' 은 이스라엘을 말합니다. 이 일은 7년 대환난 중간 시점에 일어날 일이라고 생각됩니다. 7년 대환란이 시작되면서 적그리스도가 등장을 하고, 유럽에서 통치를 하다가 7년 대환난 중간 시점에 남방 왕과 전쟁을 하면서 이스라엘로 들어올 것이라고 생각됩니다. 이 전쟁을 통해 많은 나라들이 적그리스도에 의해 패망하는데, "에돔과 모압과 암몬 자손의 지도자들은 그(적그리스도)의 손에서 벗어난다" 고 했습니다. 이 나라들은 이스라엘의 동쪽, 오늘날의 요르단 땅에 있는 나라들인데 이 나라들은 어떻게 적그리스도의 손에서 벗어날까요? 자세한 것은 알 수 없지만 적그리스도의 편에 서기 때문일 것이라고 생각됩니다.

그렇다면 적그리스도와 싸우게 될 남방 왕은 어느 나라일까요? 42-43절을 보면 알 수 있습니다. **"그가 여러 나라들에 그의 손을 펴리니 애굽 땅도 면하지 못할 것이니 그가 권세로 애굽의 금 은과 모든 보물을 차지할 것이요 리비아 사람과 구스 사람이 그의 시종이 되리라."**

이 말씀에 의하면 적그리스도와 싸우게 될 남방 왕은 어느 나라 같습니까? 애굽입니다. 적그리스도와의 전쟁에서 애굽이 패하고 적그리스도는 애굽의 보물들을 차지합니다. 그리고 리비아 사람과 구스 사람은 적그리스도의 시종이 된다고 했습니다. 시종이 된다는 말은 정복당한다는 말입니다. 이 나라들이 애굽과 연합해서 적그리스도를 공격했기 때문일 것입니다. 리비아와 구스(에티오피아)는 애굽(이집트)처럼 아프리카 대륙에 속해 있습니다.

다니엘서 11장 앞부분에서 남방 왕은 애굽이었고 북방 왕은 시리아 왕이었습니다. 본문 바로 앞에서는 한 사람의 북방 왕에 대해 기록했는데 그는 시리아의 안티오쿠스 에피파네스였습니다. 이 사람은 적그리스도의 모형이 되는 사람입니다. 그런데 본문 40절에서는 남방 왕은 애굽을 뜻하고 북방 왕은 적그리스도를 뜻합니다. 안티오쿠스 에피파네스가 적그리스도의 모형인 것을 생각하면 40절의 '북방 왕'은 적그리스도로 보는 것이 타당해 보입니다.

44절을 보겠습니다. **"그러나 동북에서부터 소문이 이르러 그를 번민하게 하므로 그가 분노하여 나가서 많은 무리를 다 죽이며 멸망시키고자 할 것이요."**

이 말씀은 동쪽과 북쪽에서 적그리스도를 치기 위해 오는 나라가 있다는 소식을 듣고 적그리스도가 번민하다가 분노하면서 그들을 멸망시키려 한다는 말씀입니다. 동쪽과 북쪽에서 오는 나라는 어느 나라일까요? 동쪽에서 오는 나라는 중국, 북쪽에서 오는 나라는 러시아일 것으로 생각하는 사람들이 있는데, 추측일 뿐이고 정확한 것은 아닙니다.

45절을 보겠습니다. **"그가 장막 궁전을 바다와 영화롭고 거룩한 산 사이에 세울 것이나 그의 종말이 이르리니 도와 줄 자가 없으리라."**

적그리스도의 종말에 대한 말씀입니다. 적그리스도의 종말은 예수님의 지상 재림과 함께 오는데, 그의 종말에 대해서는 요한계시록 19장 19-21절에 기록되어 있습니다.

"또 내가 보매 그 짐승과 땅의 임금들과 그들의 군대들이 모여 그 말 탄 자와 그의 군대와 더불어 전쟁을 일으키다가 짐승이 잡히고 그 앞에서 표적

을 행하던 거짓 선지자도 함께 잡혔으니 이는 짐승의 표를 받고 그의 우상에게 경배하던 자들을 표적으로 미혹하던 자라 이 둘이 산 채로 유황불 붙는 못에 던져지고 그 나머지는 말 탄 자의 입으로부터 나오는 검에 죽으매 모든 새가 그들의 살로 배불리더라."

'짐승' 은 적그리스도입니다. 예수님께서 지상으로 재림하시면 적그리스도와 적그리스도의 파트너인 거짓 선지자를 산 채로 유황불 붙는 못에 던지신다고 했습니다. 이것이 적그리스도의 최후입니다. 에녹과 엘리야처럼 산 채로 하늘로 들림 받는 것은 무한한 영광이지만 적그리스도와 거짓 선지자처럼 산 채로 지옥에 던져지는 것은 대단한 저주입니다.

이 세상은 하나님의 시간표에 의해 종말을 향해 가고 있습니다. 예수님께서 공중으로 재림하시면 구원받은 사람들은 공중으로 들림 받지만 구원받지 못한 사람들은 이 땅에 남게 되고 7년 대환난에 들어가게 됩니다. 예수님께서 언제 오실지 모르지만 언제 오시더라도 공중에서 주님을 기쁨 중에 만날 수 있는 우리가 됩시다.

16. 이 모든 일의 결국

(단 12:2-13)

성경에는 사람이 알아야 할 모든 것이 기록되어 있습니다. 사람은 어디서 와서 어디로 가는가부터 시작해서, 어떻게 살아야 하는가, 세상의 종말은 올 것인가, 온다면 어떤 방식으로 올 것인가에 이르기까지 사람이 알아야 하는 모든 것이 기록되어 있습니다.

성경에 의하면 세상의 종말은 예수님께서 공중으로 재림하시면서 본격적으로 시작됩니다. 예수님께서 공중으로 재림하시면 구원받은 사람들이 공중으로 들림 받는 휴거 사건이 일어나고(살전 4:16-17), 휴거가 일어나면 이 땅에서는 7년 대환난이 시작됩니다. 7년 대환난에 대해서 예수님은 이렇게 말씀하셨습니다. **"이는 그 때에 큰 환난이 있겠음이라 창세로부터 지금까지 이런 환난이 없었고 후에도 없으리라"**(마 24:21). 전무후무한

'큰 환난' 이 있겠다고 말씀하셨는데 이 환난이 7년 대환난입니다. 그 기간이 7년인 것은 다니엘서 9장 27절에 나와 있습니다.

7년 대환난이 끝나면 예수님이 지상으로 내려오시고(계 19:11-16), 지상으로 내려오시면 천년왕국이 이 땅에서 시작됩니다. 천년왕국에 대해서는 요한계시록 20장 4b절과 6b절에 기록되어 있습니다. **"또 내가 보니 예수를 증언함과 하나님의 말씀 때문에 목 베임을 당한 자들의 영혼들과 또 짐승과 그의 우상에게 경배하지 아니하고 그들의 이마와 손에 그의 표를 받지 아니한 자들이 살아서 그리스도와 더불어 천 년 동안 왕 노릇 하니." "그들이 하나님과 그리스도의 제사장이 되어 천 년 동안 그리스도와 더불어 왕 노릇 하리라."**

'그리스도와 더불어 천 년 동안 왕 노릇한다' 는 표현에서 '천년왕국' 이라는 말이 나왔습니다. 천년왕국이 시작되기 전에 죽은 자들이 부활할 것을 말씀하고 있는데 이들은 7년 대환난 기간 중에 적그리스도에 의해 죽임당한 사람들입니다. 구약시대 성도들도 이때 부활하는데 그것은 본문 마지막 부분을 보면 알 수 있습니다. 구원받지 못하고 죽은 사람들은 천년왕국이 끝난 뒤에 부활합니다. 요한계시록 20장 5절을 보면 알 수 있습니다. **"그 나머지 죽은 자들은 그 천 년이 차기까지 살지 못하더라."** '그 나머지 죽은 자들' 이 구원받지 못하고 죽은 사람들입니다.

본문의 내용은 7년 대환난부터 천년왕국이 시작될 때까지의 일을 기록한 내용입니다. 본문 바로 앞에 있는 다니엘서 12장 1절이 7년 대환난에 대한 말씀인 것을 고려하면 그 다음 절부터 나오는 본문의 내용은 7년 대환난 이후의 일임을 알 수 있습니다. 다니엘서 12장 1절은 이렇게 되어 있습니다. **"그 때에 네 민족을 호위하는 큰 군주 미가엘이 일어날 것이요 또 환난이 있으리니 이는 개국 이래로 그 때까지 없던 환난일 것이며 그 때에 네 백성 중 책에 기록된 모든 자가 구원을 받을 것이라."**

여기서 말하는 '개국 이래로 그 때까지 없던 환난' 이 7년 대환난입니다. **"그 때에 네 백성 중 책에 기록된 모든 자가 구원을 받을 것"**이라고 했는데 '그 때' 는 7년 대환난 기간을 말하고, '책' 은 구원받은 사람들의 이름을 기록한 '생명책' 을 말합니다. 생명책에 기록된 사람은 '구원을 받을 것' 이라 했으니 구원받은 사람은 7년 대환난에 들어가지 않고, 7년 대환난이 시작되기 전에 공중으로 들림 받습니다. 구원받은 사람이 7년 대환난에 들어가지 않는 것은 요한계시록 3장 10절을 봐도 알 수 있습니다. **"네가 나의 인내의 말씀을 지켰은즉 내가 또한 너를 지켜 시험의 때를 면하게 하리니 이는 장차 온 세상에 임하여 땅에 거하는 자들을 시험할 때라."**

여기서 말하는 '시험의 때' 가 7년 대환난 기간입니다. "너를 지켜 시험의 때를 면하게 한다"고 했으니 구원받은 사람은 7년 대환난에 들어가지 않습니다.

이제 본문의 내용을 살펴보겠습니다. 2절입니다. **"땅의 티끌 가운데에서 자는 자 중에서 많은 사람이 깨어나 영생을 받는 자도 있겠고 수치를 당하여서 영원히 부끄러움을 당할 자도 있을 것이며."**

이 말씀은 의인과 악인의 부활에 대한 말씀입니다. 의인과 악인의 부활에 대해서는 요한복음 5장 28b-29절에도 기록되어 있습니다. **"무덤 속에 있는 자가 다 그의 음성을 들을 때가 오나니 선한 일을 행한 자는 생명의 부활로, 악한 일을 행한 자는 심판의 부활로 나오리라."**

의인의 부활은 예수님께서 공중으로 재림하실 때와 지상으로 재림하실 때 있고, 악인의 부활은 천년왕국이 끝난 난 뒤에 있습니다(계 20:5).

3절을 보겠습니다. **"지혜 있는 자는 궁창의 빛과 같이 빛날 것이요 많은 사람을 옳은 데로 돌아오게 한 자는 별과 같이 영원토록 빛나리라."**

'지혜 있는 자'는 7년 대환난 기간 중에 구원받을 사람을 말합니다. 7년 대환난 기간 중에는 적그리스도의 핍박 때문에 예수님 믿는 것이 쉽지 않은데 그런 상황 속에서도 예수님 믿는 것이 살 길이라는 것을 알고 예수님 믿고 구원받는 사람은 대단히 지혜로운 사람입니다. 그런데 그들보다 더 지혜로운 사람들이 있는데 누구인줄 아십니까? 7년 대환난 전에 구원받는 사람들입니다. 7년 대환난 전에 구원받으면 7년 대환난의 고통을 안 당하지만 7년 대환난 기간 중에 구원받으면 7년 대환난의 고통을 당해야 하기 때문입니다.

'많은 사람을 옳은 데로 돌아오게 한 자'는 7년 대환난 기간 중에 사람들을 전도해서 구원으로 인도할 사람들입니다. 요한계시록 7장에 나오는 144,000명이 7년 대환난 기간 중에 복음을 전할 사람들인데 그들은 이스라엘 사람들입니다(계 7:4-8). 그들의 전도를 통해 주로는 이스라엘 사람들이 구원받겠지만 이방인들 중에도 상당수의 사람들이 구원받게 될 것입니다(계 7:9-10). 요한계시록 11장에 나오는 두 증인도 7년 대환난 기간 중에 복음을 전할 사람들입니다.

7년 대환난 기간 중에 이방인들이 구원받는 것은 이방인들의 구원을 위한 이 시대에 유대인들이 구원받는 것과 같습니다. 그러나 이방인들을 위한 구원의 시간은 예수님이 공중으로 재림하시기 전인 지금이라는 것을 잊으면 안 됩니다.

복음 전할 수 있을 때 열심히 복음 전하는 우리가 됩시다. 많은 사람을 옳은 데로 돌아오게 한 자는 별과 같이 영원토록 빛날 것이라고 했는데 이 말씀은 오늘날에도 유효한 줄 믿습니다.

4절을 계속 보겠습니다. **"다니엘아 마지막 때까지 이 말을 간수하고 이 글을 봉함하라 많은 사람이 빨리 왕래하며 지식이 더하리라."**

가브리엘 천사가 다니엘에게 한 말입니다. **"마지막 때까지 이 말을 간수하고 이 글을 봉함하라"**고 했는데 이는 말씀을 잘 보존하라는 뜻입니다. 다니엘은 이 말을 듣고 하나님의 말씀을 잘 보존했습니다. 다니엘이 죽고 난 뒤에는 다른 누군가가 또 그렇게 했습니다. 그렇게 대를 이어 하나님의 말씀을 잘 보존하였기에 다니엘서를 포함한 모든 성경이 우리 손에 들어오게 된 것입니다. 하나님의 말씀을 잘 보존해 준 다니엘과 유대인들에게 우리는 감사해야 합니다.

"많은 사람이 빨리 왕래하며 지식이 더할 것"이라는 말씀도 7년 대환난 기간에 있을 일입니다. 7년 대환난 기간에 '많은 사람이 빨리 왕래' 하는 이유가 무엇일까요? 하나님의 말씀을 듣기 위해서입니다. 특별히 종말에 대한 말씀을 들으려고 사람들이 빨리 왕래할 것입니다. 그들에게 임한 고통이 언제나 끝날 것인지, 어떻게 하면 구원받을 수 있는지 알기 원하지 않겠습니까? 그래서 사람들이 하나님의 말씀이 있는 곳을 찾아 헤매는 것입니다. 아모스 8장 8:11-13에 이런 말씀이 있습니다. **"주 여호와의 말씀이니라 보라 날이 이를지라 내가 기근을 땅에 보내리니 양식이 없어 주림이 아니며 물이 없어 갈함이 아니요 여호와의 말씀을 듣지 못한 기갈이라 사람**

이 이 바다에서 저 바다까지, 북쪽에서 동쪽까지 비틀거리며 여호와의 말씀을 구하려고 돌아다녀도 얻지 못하리니 그 날에 아름다운 처녀와 젊은 남자가 다 갈하여 쓰러지리라."

이 말씀이 7년 대환난과 직접 관련 있는 말씀은 아니지만 7년 대환난 기간 중에도 이런 현상이 나타날 것입니다.

"지식이 더 할 것"이라는 말은 하나님의 말씀에 대한 지식이 더하는 것을 말합니다. 하나님 말씀을 찾아 헤매다가 말씀을 듣게 되면 말씀에 대한 지식이 더하게 됩니다. 지금 우리는 말씀의 홍수 속에 살고 있습니다. 인터넷에 들어가면 얼마나 많은 설교가 올라와 있는지 모릅니다. 집집마다 성경도 몇 권씩 있습니다. 하지만 7년 대환난 기간은 말씀의 기근 시대입니다. 말씀을 듣고 싶다고 들을 수 있는 상황이 아닙니다. 성경 한 권 구하기도 힘들 것입니다. 적그리스도가 사람들로 하여금 예수님을 믿도록, 하나님의 말씀을 듣도록 내버려 두지 않습니다. 북한의 상황을 떠올리면 이해하기 쉬울 것입니다.

하나님의 말씀을 들을 수 있을 때 많이 듣고, 읽을 수 있을 때 많이 읽고, 배울 수 있을 때 많이 배우시기 바랍니다.

5-6절을 보겠습니다. **"나 다니엘이 본즉 다른 두 사람이 있어 하나는 강 이쪽 언덕에 섰고 하나는 강 저쪽 언덕에 섰더니 그 중에 하나가 세마포 옷을 입은 자 곧 강물 위쪽에 있는 자에게 이르되 이 놀라운 일의 끝이 어느 때까지냐 하더라."**

다니엘이 환상 중에 '두 사람'을 보았는데 한 사람은 세마포 옷을 입고 있습니다. 이 사람은 다니엘서 10장 5절에서 나왔는데, 가브리엘 천사입니다. 또 다른 한 사람은 누굴까요? 정확하게 알 수 없지만 이 사람도 천사라고 생각됩니다. 이 천사가 가브리엘 천사에게 묻습니다. **"이 놀라운 일의 끝이 어느 때까지냐?"** '이 놀라운 일' 은 7년 대환난입니다. 천사가 봐도 7년 대환난이 무시무시하므로 이렇게 물은 것입니다.

7절을 보겠습니다. **"내가 들은즉 그 세마포 옷을 입고 강물 위쪽에 있는 자가 자기의 좌우 손을 들어 하늘을 향하여 영원히 살아 계시는 이를 가리켜 맹세하여 이르되 반드시 한 때 두 때 반 때를 지나서 성도의 권세가 다 깨지기까지이니 그렇게 되면 이 모든 일이 다 끝나리라 하더라."**

가브리엘 천사가 대답하기를 **"한 때 두 때 반 때를 지나서 성도의 권세가 다 깨지기까지이니 그렇게 되면 이 모든 일이 다 끝나리라"**라고 했습니다. '성도의 권세가 깨진다' 는 말의 의미가 무엇일까요? 표준새번역 성경은 7b절을 이렇게 번역했습니다. **"한 때와 두 때와 반 때가 지나야 한다. 거룩한 백성이 받는 핍박이 끝날 때에, 이 모든 일이 다 이루어질 것이다."**

'한 때와 두 때와 반 때' 는 3년 반을 말하는데 7년 대환난 기간의 후반 3년 반입니다. 후반 3년 반이 지나면 **"이 모든 일이 다 끝난다"**고 했는데 이는 '이 모든 일이 다 이루어진다' 는 말입니다. 이 순간이 하나님께서 정하신 인류 역사의 마지막 순간입니다.

8-9절을 보겠습니다. **"내가 듣고도 깨닫지 못한지라 내가 이르되 내 주여 이 모든 일의 결국이 어떠하겠나이까 하니 그가 이르되 다니엘아 갈지어다 이 말은 마지막 때까지 간수하고 봉함할 것임이니라."**

가브리엘 천사가 전해준 말을 다니엘이 다 이해하지 못했습니다. 다 이

해는 못했지만 천사가 하라고 한 대로 하나님의 말씀은 잘 보존했습니다. 우리도 하나님의 말씀을 다 이해하지 못할 수 있습니다. 그래도 우리는 하나님의 말씀을 사랑하고 존중해야 합니다. 우리가 이해 못해도 다른 사람이 이해할 수 있고, 후대의 사람들이 이해할 수 있을 것이기 때문입니다.

10절을 보겠습니다. **"많은 사람이 연단을 받아 스스로 정결하게 하며 희게 할 것이나 악한 사람은 악을 행하리니 악한 자는 아무것도 깨닫지 못하되 오직 지혜 있는 자는 깨달으리라."**

이 말씀도 7년 대환난 기간 중에 있을 일입니다. 7년 대환난 기간 중에 구원받는 사람은 정결하게 살기 위해 노력하겠지만 악한 사람은 여전히 악을 행하며 살 것입니다. 요한계시록 9장 20-21절에 이런 말씀이 있습니다. **"이 재앙에 죽지 않고 남은 사람들은 손으로 행한 일을 회개하지 아니하고 오히려 여러 귀신과 또는 보거나 듣거나 다니거나 하지 못하는 금, 은, 동과 목석의 우상에게 절하고 또 그 살인과 복술과 음행과 도둑질을 회개하지 아니하더라."**

이런 것을 보면 사람이 얼마나 악하고 어리석은지 모릅니다.

11-12절을 보겠습니다. **"매일 드리는 제사를 폐하며 멸망하게 할 가증한 것을 세울 때부터 천이백구십 일을 지낼 것이요 기다려서 천삼백삼십오 일까지 이르는 그 사람은 복이 있으리라."**

매일 드리는 제사를 폐하는 일은 적그리스도가 7년 대환난 중간 시점에 할 일입니다(단 9:27). '멸망하게 할 가증한 것' 은 성전에 세워질 적그리스도의 우상입니다(계 13:15). 이 우상을 세울 때부터 1290일이 지날 것이라고 했습니다. 1290일은 3년 반하고도 30일이 더 지난 기간입니다. 요한계시록에서는 3년 반 기간을 '42달' 또는 '1260일'로 기록하고 있습니다(계 11:2-3). 1260일은 한 달을 30일로 계산했을 때 3년 반에 해당되는 날 수입니다. 1290일은 3년 반하고도 30일 더 지난 기간인데, 그 30일 기간에 어떤 일이 있을까요? 정확하게 알 수 없지만 예수님께서 지상으로 재림하셔서 7년 대환난을 통과한 사람들을 심판하시지 않을까 생각합니다. 재림하신 예수님께서 살아있는 사람들을 심판하시는 말씀은 마태복음 25장 31-33절에 기록되어 있습니다. **"인자가 자기 영광으로 모든 천사와 함께 올 때에 자기 영광의 보좌에 앉으리니 모든 민족을 그 앞에 모으고 각각 구분하기를 목자가 양과 염소를 구분하는 것 같이 하여 양은 그 오른편에 염소는 왼편에 두리라."**

'모든 민족'을 심판하신다고 했으니 이 심판은 이방인들에 대한 심판입니다. 유대인들에 대한 심판은 에스겔서 20장 33-44절에 기록되어 있습니다.

7년 대환난 중간 시점부터 1335일까지 이르는 사람은 복이 있다고 했는데 이 말씀은 무슨 뜻일까요? 1335일은 1290일에서 45일이 더 지난 기간입니다. 이 기간에는 어떤 일이 있을까요? "1335일까지 이르는 사람은 복이 있다"고 한 것을 보아 이 기간은 천년왕국에 들어갈 준비 기간이 아닐까 생각합니다.

천년왕국에는 예수님께서 공중 재림하실 때 공중으로 들림 받았다가 예수님과 함께 지상으로 내려올 신약시대 성도들도 들어가고, 예수님께서 지상으로 재림하실 때 부활하게 될 7년 대환난 기간 성도들도 들어가고, 그들과 함께 부활하게 될 구약시대 성도들도 들어가고, 7년 대환난을 통과하고 살아서 예수님의 재림을 맞이한 성도들도 들어갑니다. 다시 말하면 인류 역사를 통해 구원받은 모든 사람이 들어갑니다. 그들 중에는 영화로운 몸을 입은 사람들도 있고 육신의 몸을 그대로 가지고 있는 사람들도 있습니다.

사람들은 오래 동안 유토피아를 꿈꾸어 왔지만 이루지 못했습니다. 그러나 예수님께서 직접 통치하시는 천년왕국은 유토피아 세상입니다. 정치, 경제, 자연환경 등 모든 것이 완벽합니다. 천년왕국에 대해서는 이사야서에 많이 기록되어 있는데 이리가 어린 양과 놀고 사자가 소처럼 풀을 먹고 어린 아이가 독사의 굴에 손을 넣는다는 말씀(사 11:6-8)이 천년왕국에서 이루어집니다. 천년왕국의 자연환경은 에덴동산과 같을 것입니다.

13절을 보겠습니다. **"너는 가서 마지막을 기다리라 이는 네가 평안히 쉬다가 끝 날에는 네 몫을 누릴 것임이라."**

평안히 쉬는 것은 죽는 것을 말하고 "끝 날에는 네 몫을 누릴 것이다"라는 말은 끝 날에는 부활할 것이라는 말입니다. 다니엘을 포함한 구약시대의 성도들은 언제 부활하는가 하면 천년왕국이 시작되기 전 예수님께서 지상으로 재림하실 때 부활합니다. 1335일까지 지내는 사람은 복이 있을 것이라는 말을 하고 난 뒤에 끝 날에는 네 몫을 누릴 것이라고 했으니 천년왕국이 시작되기 전에 부활하는 것으로 이해할 수 있습니다. 신약시대 성도들은 예수님께서 공중으로 재림하실 때 부활합니다(살전 4:16). 신약시대 성도들이 구약시대 성도들보다 7년 먼저 부활하는 것입니다.

부활할 것을 생각하면 감사하지 않습니까? 예수님 믿는 사람은 죽어도 소망이 있습니다. 이 세상에서 제일 복 받은 사람이 예수님 믿는 사람입니다. 사는 것이 힘들어도 예수님 만날 소망 가지고 살아갑시다.

세상 되어가는 것을 볼 때 예수님께서 다시 오실 날이 멀지 않은 것 같습니다. 말세의 징조에 대해서 예수님이 이런 말씀을 하셨습니다. **"민족이 민족을, 나라가 나라를 대적하여 일어나겠고 곳곳에 큰 지진과 기근과 전염병이 있겠고 또 무서운 일과 하늘로부터 큰 징조들이 있으리라"**(눅 21:10-11).

지금 이 세상은 코로나 바이러스로 인하여 수많은 사람이 죽어가고 있는데, 앞으로는 더 무서운 전염병과 더 무서운 일이 많이 일어날 것입니다. 지금이 말세라는 것은 이스라엘이 회복된 것을 보아도 알 수 있고, 유럽연합(EU)이라는 신흥로마제국이 이 땅에 있는 것을 보아도 알 수 있습니다. 이스라엘의 회복은 성경에 예언된 내용이고, 성경에 의하면 적그리스도가 신흥로마제국에서 나옵니다. 지금 코로나 바이러스 사태가 유럽에서 제일 심각한데 휴거가 일어나면 얼마나 더 심각한 문제가 생기겠습니까! 그때 강력한 지도자가 나타나서 유럽을 이끌 것인데 그 사람이 적그리스도입니다.

언제 주님이 오시더라도 기쁨으로 주님을 맞이할 수 있는 우리가 됩시다.